Duden

W0346985

Einfach klasse in

Deutsch

Wissen • Üben • Testen

10. Klasse

2., neu bearbeitete und erweiterte Auflage

Dudenverlag
Mannheim • Leipzig • Wien • Zürich

Die Rechtschreibung in diesem Buch folgt im Falle von Schreibvarianten den Empfehlungen von Duden – Die deutsche Rechtschreibung (25. Auflage). Zu den Übungen sind Schreibvarianten in den Lösungen mitangegeben.

Beratungsangebot für Eltern und Lehrer (kostenpflichtig):
Die **Duden-Sprachberatung** beantwortet Fragen zu Rechtschreibung, Grammatik, Zeichensetzung u. Ä.
montags bis freitags zwischen 8:00 und 18:00 Uhr.
Aus Deutschland: **09001 870098** (1,86 € pro Minute aus dem Festnetz)
Aus Österreich: **0900 844144** (1,80 € pro Minute aus dem Festnetz)
Aus der Schweiz: **0900 383360** (3,13 CHF pro Minute aus dem Festnetz)
Die Tarife für Anrufe aus den Mobilfunknetzen können davon abweichen.

Unter **www.duden-suche.de** können mit einem Online-Abo ausgewählte Dudenwerke per Internet genutzt werden.

Bibliografische Information der Deutschen Nationalbibliothek
Die Deutsche Nationalbibliothek verzeichnet diese Publikation in der Deutschen Nationalbibliografie; detaillierte bibliografische Daten sind im Internet über http://dnb.ddb.de abrufbar.

Das Wort **Duden** ist für den Verlag Bibliographisches Institut AG als Marke geschützt.

Alle Rechte vorbehalten.
Nachdruck, auch auszugsweise, vorbehaltlich der Rechte, die sich aus den Schranken des UrhG ergeben, nicht gestattet.

© Bibliographisches Institut AG, Mannheim 2010
D C B A

Redaktionelle Leitung Martin Bergmann
Redaktion Anika Donner, Elke Spitznagel
Autoren Frank Becker, Birgit Hock

Herstellung Annette Scheerer
Layout Horst Bachmann
Illustration Carmen Strzelecki
Umschlaggestaltung WohlgemuthPartners, Bremen
Umschlagabbildung Plainpicture, Ragnar Schmuck

Satz Katrin Kleinschrot, Stuttgart
Druck und Bindung Offizin Andersen Nexö Leipzig GmbH
Printed in Germany

ISBN 978-3-411-72422-2

Inhaltsverzeichnis

1 Sprechen

2 Schreiben

3 Umgang mit Literatur

4 Literaturepochen

INHALT

1 Sprechen

1.1 Argumentation und Diskussion

Zum **Argumentieren** gehören zwei Dinge: ■ erstens eine **These,** also eine Behauptung, eine Meinung, eine Bewertung oder Empfehlung, und ■ zweitens eine passende **Begründung;** solche Begründungen können z. B. in Form von Beispielen, durch das Zitieren einer Expertenmeinung oder durch nachweisbare Fakten geliefert werden.	Autos verschmutzen die Umwelt. In ihren Abgasen sind schädliche Stickoxide und Kohlendioxid enthalten, ebenso Kohlenmonoxid, Kohlenwasserstoffe sowie weitere Schadstoffe *(= nachweisbarer Fakt).*
Zusammenfassend werden diese Begründungen auch als **Argumente** bezeichnet. Argumente können ■ entweder **linear** aufeinanderfolgen **(Argumentationskette** bzw. **-reihe)** ■ oder **antithetisch** angeordnet sein: Eine antithetische Argumentation liefert zum **Argument** ein passendes **Gegenargument,** das wiederum sogleich entkräftet wird.	*Lineare Argumentation:* Durch den Autoverkehr entstehen schädliche Abgase, nicht erneuerbare Energien werden verbraucht und die Autos selbst verstopfen die Innenstädte. *Antithetische Argumentation:* Zwar belastet der Autoverkehr die Umwelt, er bringt den Menschen aber eine größere Mobilität und viel Flexibilität.
Eine **Diskussion** ist eine Auseinandersetzung einzelner Personen mit bestimmten Fragen mit dem Ziel, den anderen von der eigenen Meinung zu überzeugen. Die Diskussionsteilnehmer vertreten ihre jeweilige, meist unterschiedliche Position mithilfe verschiedener Argumente. Der **Diskussionsleiter** eröffnet die Diskussion, indem er das Problem oder die Streitfrage knapp und verständlich darlegt; er **erteilt** den Diskussionsrednern **das Wort,** achtet auf einen **geordneten Diskussionsablauf** und fasst am Ende die **Ergebnisse** zusammen.	*These:* Weihnachten sollte abgeschafft werden. *Position 1:* Weihnachten ist ein wichtiges Fest, das jedes Jahr die Familien wieder zusammenführt. Außerdem hat das Fest auch eine große wirtschaftliche Bedeutung. *Position 2:* Kitsch und Kommerz haben die Bedeutung des Weihnachtsfests verdrängt. Deshalb verursacht Weihnachten unnötigen Stress – im Vorfeld z. B. Einkaufsstress, an den Feiertagen selbst kommt es anstelle eines harmonischen Familienlebens oft zu Streit.

ÜBUNG 1 **Wer argumentiert, muss seine Argumente auch sprachlich ansprechend formulieren können. Ordne daher die folgenden Konjunktionen in die Tabelle ein, je nachdem, ob du damit einen Beweis bzw. ein Beispiel oder aber eine Erklärung bzw. eine Schlussfolgerung einleiten kannst. Aufgepasst: Zwei dieser Konjunktionen können in beiden Spalten der Tabelle stehen!**

also - sodass - weil - deswegen - daher - beispielsweise - wie - damit - denn - demnach - falls - somit

Konjunktionen, mithilfe derer ein **Beweis** oder **Beispiel** ausgedrückt wird.	Konjunktionen, mithilfe derer eine **Folgerung** ausgedrückt wird.

ÜBUNG 2 **Formuliere nun mithilfe der in Übung 1 genannten Konjunktionen einen Beweis (bzw. ein Beispiel) und eine Folgerung zur These, dass an deiner Schule das Tragen einer Schuluniform eingeführt werden sollte. Schreibe in dein Übungsheft und unterstreiche Beweis und Folgerung in unterschiedlichen Farben.**

ÜBUNG 3 **Hier stehen jeweils drei Argumente, die zusammengehören. Formuliere eine passende These.**

1. **These:**

   Argumente: Wer viel Fernsehen schaut, bewegt sich nicht genug. – Viele Fernsehsendungen sind zwar unterhaltsam, aber oft wenig lehrreich. – Es macht einfach Spaß, beim Fernsehen etwas Leckeres zu knabbern und zu trinken.

2. **These:**

   Argumente: Der Sonntag ist geradezu ideal für einen Stadtbummel, weil man dann endlich Zeit fürs Einkaufen hat. – Wenn die Geschäfte länger geöffnet haben, können die Leute mehr Geld ausgeben. – Längere Ladenöffnungszeiten schaffen viele neue Arbeitsplätze.

3. **These:**

   Argumente: Ganztagsschulen stellen sicher, dass Kinder und Jugendliche weniger fernsehen. – Wer mehr Zeit in der Schule verbringt, der lernt auch mehr. – Ganztagsschulen ermöglichen es beiden Elternteilen, arbeiten zu gehen.

WISSEN +

Richtig argumentieren
Ob eine Argumentation erfolgreich ist, hängt auch von der **Qualität** der jeweiligen Argumente ab. Vermeide daher falsche Verallgemeinerungen, nicht nachprüfbare Fakten und vermeintliche Expertenmeinungen.

~~Der Tod fühlt sich an wie ein sanfter Schlaf.~~
Besser: Tatsache ist, dass kein Toter den Lebenden berichten kann, wie sich der Tod anfühlt; alle Aussagen dazu sind somit reine Spekulation.

In einer linearen Argumentation **ordnest** du deine Argumente am besten **vom unwichtigsten zum wichtigsten Argument** steigernd an – was nämlich am Ende einer Diskussion gesagt wird, das bleibt am besten im Gedächtnis.

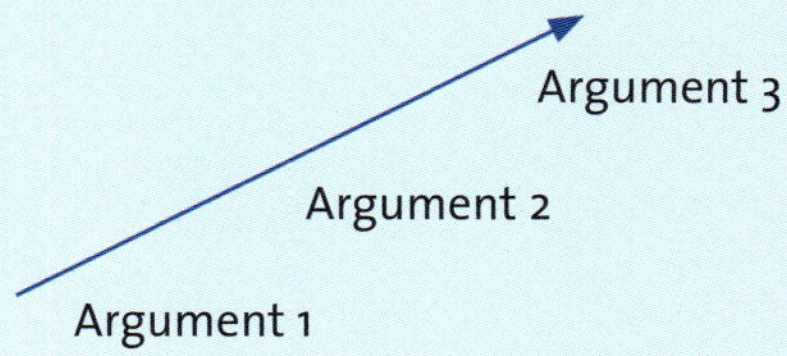

ÜBUNG 4 **Finde zu den drei Thesen aus Übung 3 jeweils mindestens zwei weitere sinnvolle Argumente. Schreibe in dein Übungsheft.**

ÜBUNG 5 **Sollten Geschäfte und Einkaufszentren auch an Sonntagen geöffnet haben? Hier sind ein paar Argumente – finde jeweils ein gutes Gegenargument.**

Pro	Kontra
1. Der Sonntag ist geradezu ideal für einen Stadtbummel, weil man dann endlich Zeit fürs Einkaufen hat.	
2. Wenn die Geschäfte länger geöffnet haben, können die Leute mehr Geld ausgeben.	
3. Längere Ladenöffnungszeiten schaffen viele neue Arbeitsplätze.	
4.	An Tankstellen, Bahnhöfen und Flughäfen sind die Geschäfte bereits sonntags geöffnet. Die Versorgung der Bürger ist daher durchgehend sichergestellt.

1.2 Ein Referat / einen Vortrag halten

Ein **Referat** informiert übersichtlich und klar über einen bestimmten Sachverhalt bzw. ein genau abgegrenztes Thema. Es kann mündlich vorgetragen **(= Vortrag)** oder schriftlich verfasst werden.

Der Schriftsteller Franz Kafka – die wichtigen Stationen seines Lebens

Das Hambacher Fest 1832 – Der Beginn des deutschen Einigungsprozesses

---

Um ein Referat halten oder verfassen zu können, ist eine **gute Vorbereitung** wichtig:

- Lege das Thema fest; besprich dich dabei mit deinem Lehrer und formuliere Schwerpunkte. Achte darauf, das Thema genau einzugrenzen (1);
- sammle Informationen (2);
- sichte, bewerte und ordne die gesammelten Informationen. Bewertungskriterien sind die Aktualität und die Glaubwürdigkeit der Quelle sowie ihre Sachlichkeit und die Objektivität (3).

(1) *Thema:* Frankreich – ein Urlaubsland → *Besser:* Touristische Ziele in Frankreich unter besonderer Berücksichtigung der Provence
(2) Informationen findest du z. B. in Tageszeitungen oder Zeitschriften, in Lexika, in Bibliotheken, Museen, bei Reiseveranstaltern oder Fremdenverkehrsämtern (je nach Thema) oder im Internet.
(3) Das Druckdatum bzw. den Stand der Informationen findest du z. B. im Impressum; Sachlichkeit und Objektivität einer Quelle kannst du überprüfen, indem du herausfindest, ob es sich um einen seriösen Verleger handelt.

In einem nächsten Schritt erstellst du eine **sinnvolle Gliederung** zum Thema:

- Die **Einleitung** nennt das Thema; in einem mündlichen Vortrag werden an dieser Stelle auch die verwendeten Hilfsmittel und Fachliteratur genannt, in einem schriftlichen Referat werden diese Informationen in den Anhang aufgenommen.
- Der **Hauptteil** nennt die wichtigen Unterpunkte, stützt diese mit passenden Argumenten (↑ Kap. 1.1) und legt gegensätzliche Standpunkte verständlich dar.
- Zum **Schluss** werden die wichtigsten Informationen knapp zusammengefasst. Dabei kann ein Rückbezug auf die Einleitung erfolgen. Außerdem ist es wichtig, eine eigene Meinung zu formulieren, die sich mit den genannten Argumenten begründen lässt.

Einleitung:
In meinem Referat werde ich die wichtigsten Stationen im Leben des Schriftstellers Franz Kafka schildern.

Hauptteil:
Enthält die Lebensdaten, Familienhintergrund, Werkdaten, die Werkinhalte der ein oder zwei wichtigsten Werke (knapp!) sowie eine Aussage über die literarische Wirkung und Bedeutung von Franz Kafka.

Schluss:
Kafkas Werke sind häufig nur schwer zugänglich. Dazu haben vielleicht auch seine Lebensumstände beigetragen (die schwere Krankheit, von der ich sprach). Dennoch halte ich sein Werk für bedeutsam, ...

ÜBUNG 6 **Dein Referatthema lautet: „Der Schriftsteller Franz Kafka – die wichtigen Stationen seines Lebens". Entscheide, ob die folgenden Buchtitel geeignete Informationen enthalten könnten, und begründe deine Entscheidung. Schreibe in dein Übungsheft.**

1. Hubert Maier: Reiseführer Prag, 192 Seiten, neue Auflage Mai 2009
2. Milena Schmidt: Lektürehilfe zu Franz Kafkas „Die Verwandlung", 48 Seiten, August 2007
3. Marius Müller: Über Franz Kafka, 120 Seiten, April 2008
4. Peter Neu: Franz Kafka, 784 Seiten, Dezember 1956

ÜBUNG 7 **Mit deinem Referat zu Franz Kafka bist du jetzt einen Schritt weiter und hast einige Informationen gesammelt. Bringe diese in eine sinnvolle Reihenfolge.**

Verzeichnis seiner Werke - Die literarische Bedeutung Franz Kafkas - Biografische Angaben - Einfluss seiner Liebesbeziehungen auf sein Werk - Kurzvorstellung seiner bedeutendsten Werke

WISSEN

Sachtexte lesen und verstehen

Wenn du geeignetes Material gefunden hast, gehst du beim Lesen am besten schrittweise vor:

- Löse die Abkürzungen auf und schlage unbekannte Wörter und Begriffe nach (1),
- unterstreiche wichtige Informationen (2),
- verwende Textmarkierungen (3),
- notiere dir Stichwörter am Rand (4).

(1) ma. = mittelalterlich – A.T. = Altes Testament – Attr. = Attribut

(2) Verwende unterschiedliche Farben: Ordne z. B. allen Argumenten, die die Hauptthese stützen, die gleiche Farbe zu.

(3) **!** für besonders wichtig – **?** für Textstellen, die dir beim ersten Lesen noch nicht ganz verständlich sind

(4) In einer Biografie über F. Kafka: Eltern – wichtiges Werk

ÜBUNG 8 **Informationen verstehen: Lies dir den folgenden Sachtext gründlich durch. Setze die Hinweise aus dem Kasten auf der vorigen Seite um, markiere den Text in entsprechender Weise und mache dir Notizen am Rand.**

picture-alliance / akg-images, Frankfurt a. Main

... nur ein Traum

Die Welt von K.s Werken mit ihren surrealen Figuren und den bisweilen ins beklemmend Traumhafte gesteigerten Situationen ist ebenso eigenartig wie einzigartig – eben „kafkaesk". Aber auch Kafka selbst war eine schwierige, unzugängliche und widersprüchliche Persönlichkeit. Die Atmosphäre im Elternhaus bezeichnete er immer wieder als „unerträglich" – und doch mietete er sich erst mit 31 Jahren das erste eigene Zimmer. Die engste freundschaftliche Verbindung hielt er mit Max Brod, den er nach einem Vortrag B.s in der Prager „Lese- und Redehalle der Studenten" 1902 kennenlernte. Bei ihm ging er ein und aus. Als Kafka eines Tages in dessen elterlicher Wohnung eine Zimmertür öffnete und dabei B.s Vater aus einem Schlummer weckte, zog sich Kafka leise zurück mit den Worten: „Bitte, betrachten Sie mich nur als einen Traum."

WISSEN

Anschauungsmaterial

Ergänze dein Referat durch Anschauungsmaterial: Bereite wichtige Informationen optisch auf, so bleiben wichtige Daten und Fakten besser im Gedächtnis. Präsentationsfolien kannst du z. B. mithilfe von Scanner und Kopierer erstellen.

Zur Biografie passt ein Foto / ein Porträt des Künstlers, Autors, Forschers o. Ä.
Erstelle ein Diagramm, wenn du z. B. über Klimadaten referierst.
Eine Abbildung eines Kunstwerks ergänzt dein Referat über das Werk eines Künstlers.

ÜBUNG 9 **Inhalte veranschaulichen: Bestimmte Sachverhalte sind oft leichter verständlich, wenn sie nicht nur in Worten erklärt, sondern auch visuell aufbereitet werden. Entscheide, welche Darstellungsform sich für welche Inhalte eignet.**

Rangfolge von Mannschaften – Stoff- bzw. Argumentesammlung – Auflistung von Reihenfolgen – Vergleiche von Oberbegriffen – Größenverhältnisse veranschaulichen – Einführung in ein Thema

Diagramm	Tabelle	Mindmap

ÜBUNG 10 **Informationen verständlich wiedergeben: Die folgenden Sätze klingen ziemlich wissenschaftlich. Formuliere sie so, dass deine Klassenkameraden/-innen kein Fremdwörterbuch brauchen, um die Aussagen zu verstehen.**

1. Der für Kafka typische lakonische Sprachstil kontrastiert einen überzeichneten Detailrealismus mit surreal wirkenden zusammenhanglosen Szenen.

2. Was ist Kitsch? – Als Verkörperung des Stereotypen bezieht sich der Kitsch auf gesellschaftlich akzeptierte Vorbilder, was nichts mit historischem Bewusstsein, aber viel mit Epigonentum zu tun hat. Kitsch ahmt ein authentisches Vorbild nicht direkt nach, er imitiert vielmehr die Konventionalität, die jenes im ästhetischen Bewusstsein einer späteren Epoche angenommen hat.

1.3 Das Vorstellungsgespräch

Unternehmen führen **Vorstellungsgespräche,** um den Bewerber kennenzulernen, die Eignung für den Beruf herauszufinden und zu überprüfen, ob der Bewerber die Anforderungen erfüllt.

Mit großem Interesse haben wir Ihre Bewerbungsunterlagen gesichtet und würden Sie gerne persönlich kennenlernen ...

Bestätige den Erhalt der Einladung bzw. des Einladungsschreibens umgehend.

- Sage telefonisch zu, wenn du selbst telefonisch informiert wirst.
- Verfasse ein fehlerfreies Bestätigungsschreiben, falls du schriftlich kontaktiert wurdest.

Über Ihre Einladung zu einem Vorstellungsgespräch freue ich mich sehr. Gerne komme ich am ... um ... Uhr.

Bereite dich vor, um einen guten Eindruck zu hinterlassen:

- **Informiere** dich gut über das Unternehmen, das dich zum Vorstellungsgespräch geladen hat (1).
- Lies dir das **Anschreiben,** mit dem du dich beworben hast, noch einmal gründlich durch. Vermeide Unstimmigkeiten zwischen schriftlicher Bewerbung und Aussagen im Gespräch (2).
- **Kleide** dich angemessen (3).
- Bereite dich mental auf das Vorstellungsgespräch vor, indem du verschiedene **Überlegungen** anstellst (4).

(1) Welche Produkte stellt die Firma her? – Welche (Dienst-)Leistungen werden von dem Unternehmen erbracht?
(2) In deiner Bewerbung steht: „Von der Ausbildung in Ihrem Betrieb habe ich viel Gutes gehört." → Im Vorstellungsgespräch darfst du dann auf die Frage, was du über die Ausbildung in dem Betrieb weißt, nicht antworten: „Wie es in Ihrem Betrieb aussieht, weiß ich nicht." Sage besser, was du weißt!
(3) Lieber zu streng als zu lässig, denn eine saloppe Kleidung zeigt deinem Gegenüber, dass du die Situation des Vorstellungsgesprächs nicht ernst nimmst.
(4) Wie könnte das Gespräch verlaufen? – Wo liegen meine Stärken? – Auf welche Fragen muss ich gefasst sein?

Bei einem Vorstellungsgespräch gibt es verschiedene **Gesprächsformen:**

- In einem **offenen Gespräch** sind die Fragen nicht genau festgelegt.

  Erzählen Sie mir bitte zunächst einmal etwas über sich!
  Gehen Sie gerne zur Schule?

- In einem **halbstandardisierten Gespräch** bekommst du zunächst einige vorbereitete Fragen gestellt, bevor die Fragen etwas offener werden.
- In einem **standardisierten Gespräch** wird ein vorgefertigter Leitfaden mit festgelegten Fragen verwendet.

  Was wissen Sie über diese Ausbildung / diesen Beruf? – Wie ist es zu Ihrer Berufswahl gekommen? – Was qualifiziert Sie für die ausgeschriebene Stelle?

ÜBUNG 11 **Eine gute Vorbereitung erleichtert dir dein Vorstellungsgespräch. Informiere dich daher gründlich über das Unternehmen bzw. den Ausbildungsbetrieb, der dich zum Gespräch eingeladen hat. Setze die Wörter aus dem Wortspeicher an die richtige Stelle im Lückentext.**

Konkurrenten - Unternehmensrecherche - Vorsprung - Zentrale - Unternehmensgröße - Homepage eines Unternehmens - Firmensitz - detaillierte Informationen - telefonisch - Standorten - Broschüren - besonderen Serviceleistungen - Mitarbeiter befragen - Produkte - Rechtsform - Bewerbungsprozess

Es gibt viele verschiedene Möglichkeiten, sich __________ über ein Unternehmen bzw. einen Ausbildungsbetrieb zu beschaffen. Du kannst z. B. __________ Kontakt zum Betrieb aufnehmen und bei der __________ Namen von verantwortlichen Mitarbeitern erfragen, um ein Anschreiben an die richtige, zuständige Person zu senden. Du kannst aber auch per Post Informationsmaterial wie __________ und Prospekte anfordern, im Internet auf der __________ recherchieren, auf Messen __________ __________ oder Zeitungsberichte lesen. Viele, insbesondere große Unternehmen bieten auch Betriebsbesichtigungen an, die dir einen ersten Einblick in eine Firma oder ein Dienstleistungsunternehmen verschaffen können. Am Ende einer __________ verfügst du über eine Menge spezifischer Informationen, z. B. über die Mitarbeiterzahl, die __________, über die __________, die ein Unternehmen herstellt, und auch, an welchen __________ __________ produziert wird. Folgende Fragen kannst du dir bei deiner Recherche stellen: Wie lautet der genaue Name der Firma und wie die __________? Wo befindet sich der __________, wo gibt es weitere Standorte? Gibt es zu den Produkten bzw. Dienstleistungen , die die Firma anbietet, __________ am Markt? Welches sind die __________, die ein Unternehmen erbringt, und für welche Kunden arbeitet das Unternehmen? Dieses Wissen ist im gesamten __________ sehr wichtig und verschafft dir womöglich einen __________ gegenüber deinen Mitbewerbern.

ÜBUNG 12 **Hier sind einige Fragen, die häufig in Vorstellungsgesprächen gestellt werden. Überlege dir passende Antworten. Du kannst sie auch für ein Rollenspiel zu zweit verwenden. Tauscht dabei zwischendurch die Rollen.**

1. Was wissen Sie schon über unser Unternehmen?
2. Erzählen Sie über sich selbst.
3. Warum bewerben Sie sich ausgerechnet auf diese Stelle?
4. Was haben Sie nach Ihrer Ausbildung vor?
5. Was motiviert Sie?
6. Was machen Sie am liebsten in Ihrer Freizeit?
7. Wie reagieren Sie, wenn etwas nicht funktioniert?

WISSEN

Oberstes Gebot: Höflichkeit!
Zu Beginn eines Vorstellungsgesprächs begrüßt du deine(n) Gesprächspartner und nennst deutlich deinen Namen.

Guten Tag. Mein Name ist ...

Bedanke dich für die Einladung zum Vorstellungsgespräch. Nimm dabei Blickkontakt zu deinem Gesprächspartner auf und lächle freundlich.

Vielen Dank, dass Sie mir die Gelegenheit zu einem persönlichen Kennenlernen geben.

Während des Vorstellungsgesprächs solltest du nicht nur aufmerksam zuhören, sondern auch gelegentlich **Rückfragen** stellen, z.B. zu bestimmten Produkten (die du vielleicht sogar selbst verwendest), zu Arbeitsabläufen oder zu bestimmten Tätigkeiten, die deiner Meinung nach zu deiner Ausbildung gehören.

Sie haben gerade eben von automatisierten Produktionsprozessen gesprochen. Welche Bereiche Ihres Betriebs sind davon denn am meisten betroffen?

Klassenarbeit 1

45 Minuten

AUFGABE 1 **Erkläre die folgenden Begriffe knapp in eigenen Worten.**

1. Argument:
2. Diskussion:
3. Konjunktion:
4. Diagramm:

AUFGABE 2 **Finde zu jeder dieser Thesen mindestens drei passende Argumente. Schreibe in dein Übungsheft.**

1. Jeder Schüler braucht einen eigenen Laptop.
2. Der Schulunterricht sollte grundsätzlich nicht vor 9.00 Uhr morgens beginnen.
3. Handys machen das Leben leichter.

AUFGABE 3 **Zu dem Thema „Das Hambacher Fest 1832 – der Beginn des deutschen Einigungsprozesses" hast du Informationen gesammelt. Bewerte nun die Quellen.**

1. Hans Baumann: Siebenpfeiffer und das Hambacher Fest, Neustadt / Weinstraße 1957
2. Bundeszentrale für politische Bildung: Das Hambacher Fest und der deutsche Einigungsprozess, Bonn, neu bearbeitete Auflage 2004
3. Amy Miller: My years in the German Democratic Republic 1987–1989, A personal history, Boston 1992
4. Pfalz-Touristik e.V.: Das Hambacher Schloss. Eine Reise durch die Jahrhunderte mit vielen Bildern, Neustadt / Weinstraße 2000

AUFGABE 4 **Fasse die wichtigen Aussagen der folgenden Sachtexte stichwortartig zusammen. Schreibe in dein Übungsheft.**

1.

Aufklärung – die Emanzipation des bürgerlichen Individuums

Das Zeitalter der Aufklärung war geprägt von der Kritik an der Unterdrückung des Menschen durch den Absolutismus und die Kirche. Die Vernunft galt als einzige Instanz in allen Lebensbereichen. Freiheit, Gleichheit und Toleranz waren die höchsten Werte. Die Literatur befreite sich im 18. Jahrhundert von barockem Pathos und Weltverneinung und verkündete unterhaltsam-lehrhaft das Ideal des natürlichen Menschen, der durch bürgerliche Tugend und optimistischen Fortschrittsglauben zur Glückseligkeit findet. Erstmals hielten bürgerliche Personen und deren privates Schicksal Einzug in die zuvor hochrangigen Persönlichkeiten und Staatsaktionen vorbehaltene Tragödie. Der Einfluss des Pietismus führte gleichzeitig vor allem in Romanen und Gedichten zur Betonung des schwärmerischen Gefühls und zu einem empfindsamen Naturerlebnis. Durch eine noch nie gekannte Massenproduktion von Büchern und literarischen Zeitschriften erreichten die neuen Ideen rasch eine breite Öffentlichkeit.

2.

Die Kurzgeschichte

Eine Kurzgeschichte ist eine kurze Erzählform in Prosa. Als Lehnübersetzung des amerikanischen Gattungsbegriffs „Short Story" ist sie mit diesem jedoch nicht deckungsgleich, da in der deutschen Literatur die Kurzgeschichte von anderen Formen der Kurzprosa, v. a. Anekdote, Kalendergeschichte, Novelle und Skizze, zu unterscheiden ist. Kennzeichen der Kurzgeschichte sind u. a. ihre kompositorische Verdichtung, die Typisierung der Personen und die Reduktion auf einen Wirklichkeitsausschnitt als Schilderung eines Moments inmitten alltäglicher Begebenheiten, denen aber sehr oft über sich hinausgerichtete Verweisfunktionen zukommen, sowie ein offener Schluss. Ende des 19. Jahrhunderts erfuhr die Kurzgeschichte ihre Förderung v. a. durch die Zeitschriften und die Feuilletons der Zeitungen. Besondere Bedeutung gewann die Kurzgeschichte nach dem Zweiten Weltkrieg zur Aufarbeitung der Erfahrungen in der Zeit des Nationalsozialismus, des Krieges und der Jahre des Wiederaufbaus, etwa im Werk von Heinrich Böll, Marie Luise Kaschnitz und Elisabeth Langgässer, und im Anschluss daran in der Kurzprosa von u. a. Ilse Aichinger, Günter Eich und Wolfdietrich Schnurre.

Klassenarbeit 2

60 Minuten

AUFGABE 5 **Fasse die Kernaussagen der folgenden Statistik des Bundeskriminalamtes zur Entwicklung der Jugendkriminalität in Deutschland zusammen. Schreibe in dein Übungsheft.**

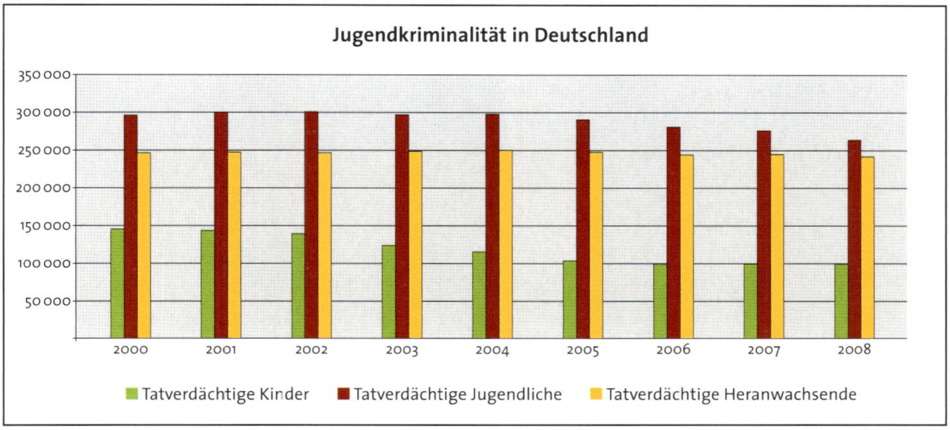

AUFGABE 6 **Lies den folgenden Artikel aus der Onlinezeitung „SPIEGEL ONLINE" vom 19.09.2009. Nimm auf der Grundlage der statistischen Aussagen (siehe Aufgabe 5) aus eigener Sicht Stellung zu den von den Politikern gestellten Forderungen. Schreibe in dein Übungsheft.**

S-Bahn-Attacke und Amoklauf

Merkel will mehr Polizisten und Videoüberwachung

Merkel reagiert auf die S-Bahn-Attacke in München und den Amoklauf von Ansbach: Die Kanzlerin will mehr Polizeibeamte und einen Ausbau der Videoüberwachung. „Der Staat muss den öffentlichen Raum schützen", fordert die Regierungschefin. Sonst würden immer mehr Bürger bei Straftaten wegsehen.

Berlin – Für die Kanzlerin ist klar: Die Lösung der Probleme mit der Jugendkriminalität ist „eine der größten Herausforderungen", vor der der Staat steht. „Der Staat muss den öffentlichen Raum schützen – Straßen, Plätze, Bahnhöfe müssen sicher sein", sagte Angela Merkel der „Bild am Sonntag" nach der S-Bahn-Attacke von München und dem Amoklauf von Ansbach.

→

TESTEN

Es werde kein Weg daran vorbeiführen, „dass wir bei der Personalstärke der Polizei und der Bundespolizei zulegen". Es würden mehr Videokameras auf den Bahnhöfen und ausreichend Polizeikräfte vor Ort gebraucht. Nur dann könne die Polizei rechtzeitig eingreifen. Denn: „Wenn die Bürger den Eindruck gewinnen, dass der öffentliche Raum nicht geschützt ist, dann werden auch weniger Zivilcourage zeigen und leider wegsehen."

Die öffentliche Sicherheit sei ein genauso hohes Gut wie die soziale Sicherheit, sagte Merkel. „Unsere Sicherheitskräfte müssen Präsenz zeigen." Sie plädierte zugleich für ein möglichst frühes Eingreifen des Staates und eine häufigere Anwendung des Erwachsenenstrafrechts bei 18- bis 21-Jährigen. „Es gibt Lebensläufe von jungen Menschen, die äußerst gewaltbereit sind und zu allergrößter Sorge Anlass geben."

„Ich bin zurückhaltend, das Jugendstrafrecht weiter zu ändern"

Es werde bereits diskutiert, ob man bei den 18- bis 21-Jährigen häufiger das Erwachsenenstrafrecht anwende, statt des auch möglichen Jugendstrafrechts mit seinen milderen Strafen.

Ablehnend äußerte sich die CDU-Vorsitzende zu Forderungen unter anderem aus Bayern nach einer Verschärfung des Jugendstrafrechts: „Ich bin zurückhaltend, das Jugendstrafrecht weiter zu ändern", sagte sie. Der Staat müsse jedoch möglichst früh eingreifen, wenn etwas schieflaufe. „Aus meiner Zeit als Jugendministerin weiß ich, dass man auf unter 14-Jährige noch viel leichter Einfluss nehmen kann als auf ältere Jugendliche", fügte sie hinzu.

AUFGABE 7 **Welches Argument aus dem Zeitungsartikel würdest du in einem Referat zum Thema „Jugendkriminalität" besonders berücksichtigen und warum?**

TESTEN

Klassenarbeit 3

60 Minuten

AUFGABE 8 **Lukas möchte ein dreiwöchiges Schülerbetriebspraktikum machen. Verfasse auf der Grundlage der Informationen auf dieser und der folgenden Seite ein Bewerbungsanschreiben (↑ Kap. 2.4). Schreibe in dein Übungsheft.**

Informationen zum Praktikumsbetrieb:

Stellenausschreibung der Firma IS – Internet-Solution

IS – Internet-Solution ist der führende Anbieter für internetbasierte Televisions- und Mediendienstleistungen. Die GmbH wurde 2002 gegründet und hat ihren Unternehmenssitz in 12345 X-Stadt. Als Pionier entwickelt IS – Internet-Solution seit ihrer Gründung webbasierte Applikationen, die den Betrieb einer eigenen Online Video Community Plattform im Internet ermöglichen. Dank unserer flexiblen Online Video Playertechnologien sind Unternehmen in der Lage, ihre Produkt- und Imagevideos prominent auf jeder Webseite ihrer Wahl zu senden und in Vollbildgröße abzuspielen.

Wir suchen ab sofort

eine engagierte Praktikantin/einen engagierten Praktikanten,

auch im Rahmen eines Schülerbetriebspraktikums.

Sie unterstützen unser Produktionsteam bei der Planung, Koordination und Abwicklung von Multimediaprojekten. Sie haben bereits erste Erfahrungen in ähnlichen Bereichen gesammelt und besitzen gute Kenntnisse der grundlegenden Multimediatechnologien.

Bitte senden Sie Ihre Bewerbungsunterlagen an:

IS – Internet-Solution
Herrn Rainer Kunze
Diodenweg 34
12345 X-Stadt

Informationen zum Bewerber:

Persönliche Angaben
- Name und Anschrift:
  Lukas Hahn
  Otto-Hahn-Weg 6
  12345 X-Stadt
- Alter: 15 Jahre
- Berufswunsch: Diplom-Ingenieur
- derzeitige Tätigkeit: Schüler am Goethe-Gymnasium, 10. Klasse

Auszug aus dem letzten Zeugnis
- Mathematik: gut
- Deutsch: befriedigend
- Englisch: sehr gut
- Physik: sehr gut
- Biologie: gut

Aktivitäten außerhalb des Unterrichts
- Mitglied der Computer-AG des Goethe-Gymnasiums seit dem 7. Schuljahr
- Mitarbeit an der Schul-Homepage seit dem 7. Schuljahr

Hobbys
- Fotografieren
- Computer
- Internet

AUFGABE 9 **Lukas wird aufgrund seines bzw. deines Bewerbungsschreibens von der Firma zum Vorstellungsgespräch eingeladen und bereitet sich nun darauf vor. Überlege dir sechs Fragen, die einem Bewerber bzw. einer Bewerberin in jedem Vorstellungsgespräch gestellt werden könnten, und schreibe sie mit einer Antwort in dein Übungsheft. Gehe in folgenden Schritten vor:**

1. Erstelle zunächst eine Liste möglicher und sinnvoller Fragen.
2. Wähle anschließend die deiner Meinung nach geeignetsten Fragen aus.
3. Formuliere jeweils eine passende Antwort.

2

Schreiben

2.1 Erörterung

Die **Erörterung** ist eine schriftliche Form der Argumentation (↑ Kap. 1.1) – nämlich ein Abwägen von Gründen und Gegengründen, um zu einer offenen Frage bzw. einem Thema Stellung zu nehmen. Dabei wird zwischen einer **textgebundenen** und einer **freien Erörterung** unterschieden.

Textgebundene Erörterung: Erörtere auf der Grundlage des folgenden Berichts die Vor- und Nachteile der Ganztagsschule.

Freie Erörterung: „Wer länger in der Schule ist, der lernt auch mehr!" – Die Vor- und Nachteile der Ganztagsschule

---

Eine **textgebundene Erörterung** bezieht sich auf einen Zeitungsartikel bzw. eine andere Textvorlage, die eine strittige Frage behandelt. Daher musst du zuerst die **Textvorlage erschließen** (↑ S. 25).

- In der **Einleitung** nennst du das Thema und formulierst bzw. erklärst die im Text dargelegte Meinung.
- Im **Hauptteil** gibst du die **Argumentation** des Autors genau wieder und erläuterst diese. Erst im Anschluss daran setzt du dich mit diesen Argumenten **kritisch** auseinander, indem du stützende oder gegensätzliche Argumente zur These anführst.
- Zum **Schluss** fasst du die wichtigsten Punkte des Hauptteils knapp zusammen und formulierst eine eigene Stellungnahme.

Einleitung:
In dem Bericht „..." *(Überschrift)* schildert ... *(Name des Autors)* die Vor- und Nachteile ... *(Thema).*

Hauptteil:
Zu den Vorteilen, die aufgezählt werden, zählt die Tatsache, dass ... *(Argument 1).* Ebenso der Fakt ... *(Argument 2).* Diesen Argumenten hält der Autor jedoch entgegen, dass ... *(Gegenargument 1).* Auch die Tatsache, dass ... *(Gegenargument 2).*

Schluss:
Abschließend bin ich mit dem Autor des Textes der Meinung, dass ... / Am Ende meiner Ausführungen widerspreche ich dem Autor des Textes und stelle fest, ...

Bei einer **freien Erörterung** sollst du deine eigene Meinung zu einem Thema **begründet** und unabhängig von einer Textvorlage formulieren. Die Begründung erfolgt mithilfe von stichhaltigen Argumenten, die sinnvoll angeordnet werden. Dabei gibt es zwei Möglichkeiten:

- **lineare** Anordnung (steigernde Erörterung),
- **antithetische** Anordnung (Pro und Kontra; dialektische Erörterung).

Thema: Kann der Einzelne die Umwelt wirkungsvoll schützen?

In einer **linearen Erörterung** werden die Argumente nach ihrer **Wichtigkeit** steigernd aneinandergereiht (↑ S. 7). Das schlagkräftigste Argument nennst du am besten zum Schluss.

Merke: Eine lineare Erörterung wird häufig durch eine W-Frage eingeleitet.

Thema: Wie kann der Einzelne die Umwelt wirkungsvoll schützen?

In einer **dialektischen Erörterung** werden unterschiedliche Standpunkte einander gegenübergestellt.

- In der **Einleitung** formulierst du zuerst das Thema, dann benennst du die gegensätzlichen Positionen bzw. Standpunkte.
- Im **Hauptteil** stehen die Argumente sowie Begründungen und stützende Beispiele, die du entweder im Block gegenüberstellen oder wechselseitig anordnen kannst.
Wird **im Block** argumentiert, dann werden alle Argumente, die den Kontra-Standpunkt stützen, mit abnehmender Wichtigkeit hintereinander angeordnet. Auf die Überleitung folgen dann alle Argumente, die den Pro-Standpunkt stützen. Diese werden mit zunehmender Wichtigkeit angeführt, sodass das stichhaltigste Argument am Ende steht.
Bei einer **wechselnden Anordnung** der Argumente folgt auf Argument 1, das den Pro-Standpunkt stützt, sogleich Gegenargument 1, das den Kontra-Standpunkt darlegt. Auf Argument 2 folgt dann das Gegenargument 2 usw.
- Im **Schlussteil** ziehst du ein Fazit, d. h., du entscheidest dich entweder für die Pro- oder für die Kontra-Argumentation und begründest deine Meinung. Du kannst auch einen sinnvollen Kompromiss formulieren.

Beachte: Durch Überleitungen gestaltest du deine Erörterung abwechslungsreicher!

Einleitung:
Die Frage, ob ... *(Thema)*, wird immer wieder diskutiert. Auch ... *(Name des Autors)* weist darauf hin, dass einerseits ... *(Argument 1)*, andererseits ... *(Argument 2)* ...

Hauptteil:
Anordnung der Argumente im Block:
Neben der Tatsache, dass ... *(Argument 1, 2, 3 usw.)*, führen die Befürworter ... *(Thema)* die Tatsache ... *(Hauptargument)* als ihr wichtigstes Argument ins Feld.
Wechselnde Anordnung der Argumente:
Einerseits steht außer Frage, dass ... *(Argument 1)*, wohingegen ... *(Gegenargument 1)*. Weitere Zweifel an ... *(These)* werden zudem von der Tatsache genährt, dass ... *(Gegenargument 2)*, auch wenn ... *(Argument 2)* diese Tatsache zumindest teilweise entkräftet.

Schluss:
Alle oben aufgeführten Argumente machen deutlich, dass ... / Aus dem Abwägen der genannten Argumente ergibt sich nun der folgende Kompromiss: ...

ÜBUNG 1 **Lies dir den folgenden Zeitungsartikel gründlich durch. Markiere die Hauptthese sowie die Argumente, die diese These stützen.**

Erleben statt Belehren
Gesellschaftliche Trends und ihr Spiegelbild im Bilderbuch
Ein Abenteuer erleben, auf eine Reise gehen, einen Bauernhof entdecken oder Freundschaft erfahren – ein Buch, auch ein Bilderbuch, nimmt seinen Leser mit in ein bis dato unbekanntes Land. Eine solche Lesereise kann spannend und abenteuerlich und lustig oder traurig sein, und manchmal hat eine Geschichte auch von alldem nur ein bisschen. Bücher bereichern das Leben, zwischen Cover und Buchrückseite steckt mehr als nur ein paar bedruckte Seiten Papier, und die Möglichkeiten, ein Buch zu gestalten, sind so zahlreich, dass man jede Zielgruppe und jedes Alter ansprechend mit Lesestoff versorgen kann.

Wie wichtig Bücher auch für Kinder sind und welche Möglichkeiten sie bergen, das hat der Frankfurter Arzt Heinrich Hoffmann schon im Jahre 1845 erkannt: Der von ihm geschaffene „Struwwelpeter“ ist das erste Bilderbuch, das sich ganz gezielt an Kleinkinder wendet. Im Vordergrund eines Bilderbuchtextes stehen anfänglich ganz klar erzieherische Motive, muss der „Struwwelpeter“ doch gar drastische Strafen hinnehmen. Ganz egal, ob es um Fragen nach dem richtigen Benehmen, um Verhaltensregeln im Straßenverkehr oder um so schwierige Themen wie Aufklärung, Misshandlung oder Missbrauch geht – Eltern greifen gerne zu Büchern, um ihren Kindern so manch schwieriges Thema zu vermitteln. Auch heute, 160 Jahre nach dem „Struwwelpeter“, gibt es sie immer noch, Bücher, die erzieherische Fragen thematisieren und moralische Vorstellungen vermitteln.
Zum Glück aber ist ein modernes Bilderbuch heute viel, viel mehr: Der Markt lässt eine große thematische und stilistische Vielfalt zu. Dabei richten sich die sog. Pappbücher, die aus kartoniertem Papier bestehen, schon an Babys ab ca. neun Monaten und leisten wertvolle Dienste dabei, den Nachwuchs für das Medium Buch zu gewinnen. Im Alter von etwa drei Jahren dann ist der Nachwuchs in der Lage, nicht nur Bilder, sondern auch erzählende Texte aufzunehmen und gedanklich zu verarbeiten. Bilderbücher leisten dabei einen wertvollen Beitrag zur frühkindlichen Förderung: Sie sind der Schlüssel zu neuen Welten, fördern die

sprachliche Ausdrucksfähigkeit, geben der kindlichen Fantasie zahlreiche Anregungen und schulen die ästhetische Wahrnehmung – Basis also einer frühkindlichen Förderung.
Ein „klassisches" Bilderbuch richtet sich dabei an Kinder zwischen drei und sechs Jahren, es ist oft großformatig, und die Illustrationen dominieren den Text. Die Akzeptanz von Bilderbüchern in Deutschland allerdings könnte größer sein, als sie ist. Die Arbeitsgemeinschaft von Jugendbuchverlagen (AvJ) in Stuttgart belegt diese Feststellung mit folgendem Fakt: Im Jahre 2004 wurden in Deutschland 1,4 Millionen Bilderbücher verkauft; da zurzeit 4,5 Millionen Kinder unter sechs Jahren in der BRD leben, lässt sich errechnen, dass somit pro Kind gerade mal 0,3 Bilderbücher erworben wurden. Besonders bedauerlich ist dabei die Tatsache, dass sich das allgemeine Interesse auf immer weniger Spitzentitel konzentriert. Schade eigentlich, denn so verkommt viel Potenzial. Schließlich stecken im Bilderbuch, wie oben aufgeführt, zahlreiche Bildungschancen.

– Von unserer Mitarbeiterin Birgit Hock –

ÜBUNG 2 **Schreibe die Einleitung für eine freie Erörterung zum Thema „Sollte es in Kindergärten für alle Kinder regelmäßig stattfindende und für alle Kinder verpflichtende Vorlesezeiten geben?". Benutze dazu dein Übungsheft.**

ÜBUNG 3 **Schreibe die Einleitung für eine textgebundene Erörterung zu dem Text „Erleben statt Belehren" aus Übung 1.**

WISSEN

Einen Sachtext verstehen
Die folgenden fünf Arbeitsschritte erleichtern dir das Verstehen eines Sachtextes:
- Überfliege den Text, damit du einen ersten **Eindruck** vom Inhalt bekommst. Achte dabei auf Überschriften, Zwischenüberschriften, Hervorhebungen und Absätze.
- Richte **Fragen** an den Text: Wer? – Was? – Wie? – Wann? – Wo? – Warum? usw.
- **Lies** dir den Text **genau** durch. Markiere dabei Schlüsselwörter und die Hauptaussagen sowie -argumente. Arbeite mit Randnotizen.
- Fasse den **Inhalt** knapp **in eigenen Worten** zusammen. Versuche, möglichst viele Antworten auf die W-Fragen zu formulieren. Diese kannst du auf Karteikärtchen notieren.
- **Wiederhole** in Gedanken, was du gerade gelesen hast. Orientiere dich nur an deinen Notizen. Wenn dir dabei auffällt, dass du wichtige Aussagen vergessen hast, schreibst du einfach ein zusätzliches Karteikärtchen, das du an entsprechender Stelle einordnest.

ÜBUNG 4 **Notiere die These des Textes aus Übung 1 und die dazugehörigen Argumente stichwortartig. Löse dich dabei von der Wortwahl der Autorin.**

These:

Argumente:

ÜBUNG 5 **Fasse zusammen: Welche Bedeutung haben Bilderbücher für die Entwicklung eines Kindes? Stütze dich dabei ausschließlich auf den Text „Erleben statt Belehren“ aus Übung 1.**

ÜBUNG 6 Fallen dir weitere Argumente zu dem Thema ein? Notiere sie in der Tabelle.

Ergänzendes Argument	Gegenargument

ÜBUNG 7 Schau dir nun die Tabelle genau an und formuliere ein Fazit für deine textgebundene Erörterung zu dem Text „Erleben statt Belehren". Schreibe in dein Übungsheft.

ÜBUNG 8 Vom Bilderbuch zum Buch, vom Vorlesen zum Selbstlesen: Überlege, welche der bisher genannten Argumente nicht nur auf das Lesen von Bilderbüchern zutreffen, sondern die Bedeutung des Lesens im Allgemeinen hervorheben. Schreibe in dein Übungsheft.

2.2 Textanalyse und -interpretation

Jeder Text hat eine äußere Form und eine innere Struktur. Die wichtigste Entscheidungsgrundlage, um eine **Textsorte** zu bestimmen, ist dabei der Inhalt.	Sachtext – literarischer Text
Ein **Sachtext** dient dazu, den Leser über ein Thema, eine Neuigkeit, über Termine, einen Gegenstand usw. zu informieren.	Zeitungsartikel – Gebrauchsanweisung – Lexikoneintrag – Ratgeber
Literarische Texte sind in ihren Erscheinungsformen sehr vielfältig. Grundsätzlich handelt es sich dabei um **Fiktion,** d. h., es wird eine Welt (Personen, auch Schauplätze etc.) beschrieben, die wirklich erscheint, aber nicht wirklich ist.	
■ **Lyrische Texte** (↑ Kap. 3.2) stellen subjektive Empfindungen in den Vordergrund. Ihre äußere Form ist gekennzeichnet durch den Rhythmus, ein metrisches Schema und Reimformen sowie durch den Vers und die Strophe. Die Inhalte reichen von der Liebes- über die Natur- bis zur politischen Lyrik.	Ballade – Elegie – Epigramm – Hymne – Lehrgedicht – Lied – Ode – Sonett
■ **Epische Texte** (↑ Kap. 3.3) erzählen Ereignisse und Geschehnisse. Sie haben einen Erzähler, der als Vermittler zwischen Erzähltem und Leser fungiert; sie werden nicht durch Grenzen von Zeit und Raum eingeengt.	Anekdote – Erzählung – Fabel – Gleichnis – Kalendergeschichte – Kurzgeschichte – Märchen – Novelle – Parabel – Roman – Sage
■ **Dramatische Texte** (↑ Kap. 3.4) stellen eine meist in sich abgeschlossene Handlung szenisch dar. Das Geschehen wird dem Zuschauer in Form des Dialogs oder des Monologs vermittelt. Im klassischen oder aristotelischen Drama gilt zudem die Einheit von Ort, Zeit und Handlung.	absurdes Theater – Lehrstück – Komödie – Tragikomödie – Tragödie – Volksstück
Ziel einer **Textanalyse** ist es, die Besonderheiten und die bestimmenden Merkmale eines Textes zu erfassen und herauszuarbeiten. Die Form, die du dafür wählen musst, ist die **Erörterung** (↑ Kap. 2.1).	

Um die Struktur (den Aufbau) eines Textes zu erfassen, steht zuerst die Frage nach der **Hauptaussage** im Mittelpunkt. Diese kannst du herausarbeiten, indem du
- die Art der Darstellung untersuchst (1),
- analysierst, welche Art von Argumenten verwendet wird (2),
- die sprachliche Gestaltung des Textes näher betrachtest (3).

Am Schluss deiner Analyse ziehst du ein **Fazit** und gibst eine Bewertung ab (4).

(1) Werden Fragen gestellt? – Werden Tatsachen / Thesen formuliert?
(2) Werden Zahlen / Fakten genannt? – Welche Beispiele werden angeführt?
(3) Wortwahl – rhetorische Mittel – Satzbau
(4) Ist der Text logisch aufgebaut? – Passen Argumente und Beispiele zusammen? – Erfüllt der Text seinen Zweck?

Eine **Textinterpretation** geht über eine Textanalyse hinaus:
- Zunächst werden ebenfalls die strukturellen, formalen und stilistischen Besonderheiten eines Textes erfasst und benannt.
- Dann aber werden diese Besonderheiten hinsichtlich ihrer Funktion bzw. Bedeutung für den jeweiligen Text bewertet (interpretiert). Die Interpretation stützt sich immer auf die Ergebnisse einer vorangegangenen Textanalyse und formuliert Rückschlüsse und Textbezüge, die die Schlussfolgerungen erklären. Gegenstand einer Interpretation sind meist literarische Texte.

Dadurch, dass der Autor des Romans an vielen Stellen das Geschehen dialogisch vorantreibt *(= formale Textanalyse)*, erreicht er eine besondere Lebendigkeit. Diese Lebendigkeit macht den Text für den Leser interessant und spannend, er fühlt mit den Figuren mit *(= Textinterpretation)*.

In der **Einleitung** der Textinterpretation nennst du den Verfasser und den Titel des Textes und ggf. Zusatzinformationen.
Im **Hauptteil** gehst du näher ein auf:
- **Erzählperspektive** (Er-Erzähler, Ich-Erzähler; ↑ Wissen+ S. 31); dabei ist der **Erzähler** eine vom Autor erfundene Figur, die zwischen der fiktionalen Welt der Erzählung und der Welt des Lesers vermittelt.
- **Figurenrede** (direkte Rede, indirekte Rede, innerer Monolog; ↑ Wissen+ S. 32)
- **Erzählzeit und erzählte Zeit** (Zeitraffung, Zeitdehnung, Zeitdeckung, Rückblenden, Vorausdeutungen)
- **Raum** (Handlungsort, Schauplatz, Schauplatzwechsel)

Am **Schluss** deiner Analyse fasst du die Ergebnisse knapp zusammen und ziehst ein Fazit. Formuliere nach Möglichkeit zudem einen Kommentar und eine eigene Bewertung des Werkes, das du analysiert hast.

Einleitung:
Der Autor Friedrich Dürrenmatt hat seinen Kriminalroman „Das Versprechen" 1958 veröffentlicht.
Hauptteil:
In dem Kriminalroman erfährt der Leser die Geschichte des Versprechens sowie die Geschichte des Verbrechens, das zu dem Versprechen geführt hat, aus einer Erzählung, die Dr. H., der ehemalige Kommandant der Kantonspolizei Zürich, einem zufälligen Mitfahrer darbietet. Somit ist der Erzähler des Kriminalromans ein Polizist *(= Textanalyse)* – eine Tatsache, die der Geschichte eine besondere Glaubwürdigkeit verleiht *(= Textinterpretation)* ...
Schluss:
„Das Versprechen" ist ein ausgesprochen spannender Kriminalroman, dem es gelingt, den Leser von der ersten bis zu letzten Seite zu fesseln.

ÜBUNG 9 **Lies den folgenden Zeitungsartikel gründlich durch und unterstreiche die Hauptthese und wichtige Stellen. Notiere dir ggf. Stichwörter am Rand.**

Übermäßiger Alkoholgenuss der Deutschen

BERLIN „Immer mehr Menschen trinken und rauchen sich krank", stellt die Deutsche Hauptstelle für Suchtfragen fest. In ihren jüngsten Statistiken weist sie darauf hin, dass in Deutschland mehr Alkohol getrunken wird als in den meisten anderen Ländern der Welt. Laut den Angaben, wie sie sich im jüngsten Jahrbuch der Suchthilfeexperten nachlesen lassen, werden in Deutschland jährlich pro Kopf 145,5 Liter alkoholischer Getränke konsumiert, hauptsächlich Bier. Der Verbrauch von reinem Alkohol beträgt damit im Durchschnitt mehr als zehn Liter im Jahr. Die Deutsche Hauptstelle für Suchtfragen schlägt vor, alkoholische Getränke höher zu besteuern und den Verkauf einzuschränken. Die ständige Verfügbarkeit von Alkohol und anderen Genussmitteln führt zu immensen Folgekosten, z. B. im Gesundheitswesen.

Ebenso wie der Alkoholkonsum hat auch der Tabakkonsum in Deutschland erschreckende Ausmaße: Laut Statistik sterben in Deutschland mehr als 140 000 Menschen jährlich an den Folgen des Rauchens.

ÜBUNG 10 **Nun kannst du damit anfangen, den Text zu analysieren bzw. zu erörtern. Verfasse zuerst eine Einleitung.**

ÜBUNG 11 **Formuliere jetzt die Hauptthese des Zeitungsartikels in eigenen Worten. Schreibe in dein Übungsheft.**

ÜBUNG 12 Der Zeitungsartikel von Übung 9 enthält nur wenige Argumente, die die Hauptthese stützen. Überlege dir weitere Argumente.

Pro	Kontra

ÜBUNG 13 Deine Textanalyse ist nun fast fertig. Fällt dir auf, welche zwei wesentlichen Teile noch fehlen, damit du alles zu einem kompletten Aufsatz zusammensetzen kannst? Ergänze die beiden Teile und schreibe in dein Übungsheft.

ÜBUNG 14 Dein Freund bzw. deine Freundin war krank, als ihr das Thema „Textanalyse" im Deutschunterricht besprochen habt. Daher wirst du gebeten, ihm bzw. ihr zu erklären, was zu tun ist, um in der Klassenarbeit gut abzuschneiden. Schreibe in dein Übungsheft und formuliere in eigenen Worten:

1. Was ist der Unterschied zwischen einer Textanalyse und einer Textinterpretation?
2. Worauf muss jeweils geachtet werden?

WISSEN

Erzählperspektive – Erzählverhalten
In literarischen Werken unterscheidet man folgende **Erzählperspektiven:**

- Es handelt sich um einen **Er-Erzähler,** wenn die handelnde Figur und die erzählende Figur nicht identisch sind.
- Der **Ich-Erzähler** ist eine Figur, die selbst ein Teil der Handlung ist. Er hat das Erzählte unmittelbar erlebt oder aus erster Hand davon erfahren.

Das **Erzählverhalten** kann dabei

- **auktorial** (der Erzähler ist allwissend und kennt die Gedanken der Handelnden),
- **personal** (der Erzähler schildert die Vorgänge oder Ereignisse aus der Sicht einer beteiligten Person) oder
- **neutral** (der Erzähler beschränkt sich auf die sachliche Wiedergabe der Ereignisse) sein.

Auktorialer Er-Erzähler:
„An einem unfreundlichen Novembertage wanderte ein armes Schneiderlein auf der Landstraße nach Goldach, einer kleinen, reichen Stadt ...“ (Gottfried Keller: „Kleider machen Leute“)
→ *Ein Außenstehender beginnt, von einem „armen Schneiderlein“ (= die handelnde, erlebende Figur) zu erzählen.*

Personaler Ich-Erzähler:
„Das Rad an meines Vaters Mühle brauste und rauschte [...]; ich saß auf der Türschwelle und wischte mir den Schlaf aus den Augen; mir war so recht wohl in dem warmen Sonnenscheine ...“
(J. v. Eichendorff: „Aus dem Leben eines Taugenichts“) → *Eine Person beginnt mit einer Erzählung darüber, wie sie selbst sich fühlt und was sie erlebt.*

ÜBUNG 15 **Um welche Art von Erzähler handelt es sich bei diesen Textstellen?**

1. In M..., einer bedeutenden Stadt im oberen Italien, ließ die verwitwete Marquise von O..., eine Dame von vortrefflichem Ruf, und Mutter von mehreren wohlerzogenen Kindern, durch die Zeitungen bekannt machen: dass sie, ohne ihr Wissen, in andre Umstände gekommen sei, dass der Vater zu dem Kinde, das sie gebären würde, sich melden solle; und dass sie, aus Familienrücksichten, entschlossen wäre, ihn zu heiraten.
(Heinrich von Kleist: „Die Marquise von O...“)

   Es handelt sich um einen ______________________________ .

2. Es liegt mir daran, gleich in den ersten Zeilen dieser Niederschrift zu beweisen oder darzutun, dass ich noch zu den Gebildeten mich zählen darf. Nämlich ich habe es in Südafrika zu einem Vermögen gebracht, ...
(Wilhelm Raabe: „Der Stopfkuchen“)

   Es handelt sich um einen ______________________________ .

ÜBUNG 16 **Notiere in Stichworten, worin jeweils die Vorteile des auktorialen und des personalen Erzählens liegen. Schreibe in dein Übungsheft.**

ÜBEN

WISSEN

Die Figurenrede

- Die **direkte (wörtliche) Rede** ist einer Person zugeordnet und durch An- und Abführungszeichen gekennzeichnet.

  „Und dort wohnst du?“, fragte das **Kind.**

- Die **indirekte Rede** teilt Gedanken oder Äußerungen einer Figur mit. Hierbei werden Verben der Redewiedergabe, z. B. *er sagte, er meinte, er dachte* usw. benutzt. Die indirekte Rede steht im Konjunktiv I (↑ Kap. 5.3).

  „Auf seine Frage, ob etwa ein Gesell angekommen **sei, antwortete** der Herbergsvater: dies **wäre** allerdings der Fall; es **sei** am gestrigen Abend ein stiller, netter Bursch zugereist gekommen …“ (Friedrich Hebbel: „Barbier Zitterlein“)

- Der **innere Monolog** wird verwendet, um dem Leser die Gedanken einer Figur in Form eines stummen Selbstgesprächs mitzuteilen. Ein innerer Monolog steht immer in der 1. Person Präsens.

  „Wie lange wird denn das noch dauern? **Ich** muss auf die Uhr schauen … schickt sich wahrscheinlich nicht in einem so ernsten Konzert. Aber wer sieht’s denn?“ (Arthur Schnitzler: „Leutnant Gustl“)

ÜBUNG 17 **In Friedrich Schillers Drama „Wilhelm Tell“ (2. Aufzug, 2. Szene) finden sich die folgenden Worte von Werner Stauffacher, einem der Landsleute aus Schwyz. Forme sie um, wie unten angegeben. Schreibe in dein Übungsheft.**

1. Ein Bote hat Stauffachers Worte gehört und teilt sie wenig später einem unbeteiligten Dritten mit. Schreibe um in die indirekte Rede.
2. Im Vorfeld hat sich Stauffacher genau überlegt, was er sagen möchte. Formuliere den Text in der Form eines inneren Monologs.

ÜBEN

ÜBUNG 18 **Die folgenden Begriffe aus dem Wortspeicher musst du genau kennen, um sie richtig anwenden zu können. Setze sie passend in die Lücken ein.**

> indirekte Rede – Autor – innerer Monolog – Erzähler – personaler – erzählende Figur – Schauplatz – Schauplätze – erzählte Zeit – neutraler – Ich-Erzähler

1. Eine Figur, die selbst ein Teil der Handlung ist und zur Welt der Erzählung gehört, ist der __________. Er ist eine vom Autor erfundene Figur.
2. Werden Gedanken oder Äußerungen der Figuren vom Erzähler berichtet, verwendet dieser dafür die __________. Formal ist sie durch den Gebrauch des Konjunktiv I gekennzeichnet.
3. Der __________ ist der Verfasser einer Erzählung.
4. Der Ort, an dem das erzählte Geschehen stattfindet, wird __________ genannt. Ein Roman oder eine Erzählung kann mehrere __________ haben.
5. Ein stummes Selbstgespräch, das dem Leser die Überlegungen einer Figur präsentiert, wird __________ genannt. Der Leser soll sich dadurch leichter mit der Figur identifizieren und ihre Handlungsweise nachvollziehen bzw. verstehen können.
6. Die __________ umfasst den Zeitraum, in dem sich die komplette Handlung abspielt. Wird z. B. eine fiktive Lebensgeschichte erzählt, meint dieser Begriff sämtliche Jahre von der Geburt bis zum Tod der Figur, über die geschrieben wird.
7. Während sich ein __________ Erzähler auf die sachliche Wiedergabe von Ereignissen beschränkt, schildert ein __________ Erzähler Ereignisse aus der Sicht einer beteiligten Figur.
8. Ein Er-Erzähler ist dadurch gekennzeichnet, dass die __________ __________ nicht identisch ist mit der handelnden Figur. Dies ist lediglich beim __________ der Fall.

2.3 Argumentative und appellative Schreibformen

■ **Argumentative Texte** formulieren und begründen einen Standpunkt zu einem bestimmten Sachverhalt oder Ereignis. Die genannten Argumente werden durch Beispiele, Belege und Zitate gestützt.

Argumentative Texte:
Leserbrief – Beschwerdebrief

■ **Appellative Texte** enthalten eine deutliche Aufforderung an den Leser, etwas zu tun. Sie dienen der Meinungsbeeinflussung. Dazu greifen sie häufig auf sprachlich-rhetorische Mittel, wie du sie z. B. auch aus der Analyse von Reden (↑ Kap. 3.1) oder Gedichten kennst, zurück.

Appellative Texte:
Werbetexte – Bittschrift – Spendenaufruf – Kommentar

Vorgehensweise beim Verfassen von **argumentativen Texten** (z. B. Leserbrief):

■ Schreibe in der Einleitung deutlich, worum es im Folgenden geht oder worauf du dich beziehst.

■ Drücke deine eigene Meinung klar und verständlich aus. Verwende dabei stichhaltige und schlagkräftige Argumente, mit denen du z. B. die Argumente des Artikels stützt bzw. widerlegst. Dein wichtigstes Argument nennst du als Letztes.

■ Abschließend formulierst du eine deutliche Zustimmung oder Ablehnung zu dem Artikel bzw. Vorfall.

■ Lies deinen Brief noch einmal gründlich durch, schlage die Schreibung schwieriger Wörter nach und prüfe alle Angaben.

In seinem Kommentar vom vergangenen Mittwoch, dem 20. Januar 2010, schreibt Ihr Redakteur Peter Müller zum Thema ...
Im Gegensatz zu Herrn Müller bin ich der Meinung, dass ... / In Übereinstimmung mit Herrn Müller ergänze ich die folgenden Argumente: ... / Meines Erachtens handelt es sich dabei um ein unangebrachtes Verhalten, da ...
Sollte es noch einmal zu einem solchen Vorfall kommen, werde ich folgende Maßnahme treffen: ...

Um einen **appellativen Text** zu **analysieren,** beachtest du die folgenden Punkte:

■ Benenne in der Einleitung den Gegenstand deiner Analyse (1).

■ Beschreibe die Augenfälligkeiten eines (Werbe-)Textes (2).

■ Erkläre, welche Wirkung diese Besonderheiten bzw. Auffälligkeiten haben (3).

■ Fasse deinen Gesamteindruck zusammen (4).

(1) Das vorliegende Plakat bewirbt ein luxuriöses Auto.
(2) In der Bildmitte befindet sich das Produkt, das beworben wird. Der in Großbuchstaben gesetzte Werbetext lautet ... Dabei handelt es sich um ein Sprachspiel.
(3) Die Aussage des Textes stellt den Gegenstand auf eine Kompetenzstufe mit ...
(4) Der Werbespruch ist einfach zu entschlüsseln, hat aber zugleich auch einen intellektuellen Anspruch. Dadurch entsteht ein positiver Gesamteindruck.

ÜBUNG 19 **Formale Kriterien beachten: Kreuze die richtige Antwort an. Achtung: Manchmal sind mehrere Lösungen richtig!**

1. In einem formalen Brief steht die Anschrift …
   - ☐ in der Mitte des Blattes.
   - ☐ am rechten Seitenrand.
   - ☐ am linken Seitenrand.
2. In einem formalen Brief steht das Datum …
   - ☐ am rechten Seitenrand.
   - ☐ überhaupt nicht.
   - ☐ am linken Seitenrand.
3. In einem formalen Brief ist der Absender …
   - ☐ unwichtig und kann daher weggelassen werden.
   - ☐ vollständig anzugeben.
   - ☐ am rechten Seitenrand zu platzieren.
4. In einem formalen Brief ist die Anrede …
   - ☐ höflich und korrekt zu formulieren.
   - ☐ Sehr geehrte Damen und Herren.
   - ☐ wichtiger Bestandteil des Schreibens.
5. In einem formalen Brief kann es sich um folgende Inhalte handeln:
   - ☐ Reklamation.
   - ☐ private Mitteilung.
   - ☐ Werbung.
   - ☐ Glückwunsch.
6. In einem persönlichen Brief …
   - ☐ kann die Anschrift entfallen.
   - ☐ steht keine Anrede.
   - ☐ gibt es niemals eine Informationszeile oder einen Betreff.

ÜBUNG 20 **Betrachte das Werbeplakat genau. Welche Besonderheiten weist es auf?**

ÜBEN

ÜBUNG 21 Im Wortspeicher findest du einige sprachlich-rhetorische Mittel, die Werbetexte häufig kennzeichnen. Trage die passenden Begriffe in die Tabelle ein. Achtung: Nicht alle Begriffe passen!

Steigerung und/oder Übertreibung – elliptischer Satzbau – Sprachspiel – Wortneuschöpfung – Imperativ – Personifikation – Abwandlung einer Redensart – Parallelismus – Slogan – Invokation (Ausruf)

1. Vieles lernt man vom Leben. Alles andere von Duden.	
2. Duden. Aha!	

ÜBUNG 22 Fasse nun die für dieses Werbeplakat wesentlichen Werbebotschaften und Gestaltungselemente in einem kurzen Text zusammen. Gehe dabei auch auf die Frage ein, an welche Zielgruppe sich dieses Werbeplakat richtet und auf welche Weise Kaufanreize geweckt werden.

2.4 Eine Bewerbung schreiben

Die wichtigsten Bestandteile einer Bewerbung sind das **Anschreiben** und der **Lebenslauf.** Diese sollen einen möglichen Arbeitgeber dazu bringen, dich zu einem Vorstellungsgespräch (↑ Kap. 1.3) einzuladen. Daher lohnt es sich, deine Qualifikationen und Stärken ins rechte Licht zu rücken.

Das **Anschreiben** einer Bewerbung enthält die folgenden Angaben:

- **Absender** (ganz oben auf dem Briefkopf, maximal 1,6 cm vom oberen Blattrand entfernt) (1);
- Anschrift des **Empfängers** (2);
- **Ort, Datum** (3);
- **Betreffzeile** (ohne das Wort „Betreff"), die fett hervorgehoben ist (4);
- persönliche **Anrede** (verwende die unpersönliche Anrede nur, wenn im Stelleninserat kein Name genannt wird) (5);
- Text des Anschreibens, achte dabei auf Leserlichkeit (Absätze, Leerzeilen) (6);
- am Ende äußerst du den Wunsch, dich persönlich vorzustellen (7);
- **Grußformel** und deine **Unterschrift** (möglichst mit blauer Tinte) (8);
- Auflistung der **Anlagen** (9).

(1) Kai Sturm (3) Dorf, den 12.02.2010
Schulstraße 7
12345 Dorf

(2) Versandhaus Müller
Herrn Meier
Musterweg 18
12345 Dorf

(4) **Bewerbung als Praktikant**

(5) Sehr geehrter Herr Meier,
(6) aufgrund unseres heutigen Telefongesprächs sende ich Ihnen ...
(7) Über ein persönliches Gespräch würde ich mich sehr freuen.

(8) Mit freundlichen Grüßen
Kai Sturm

(9) Anlage: Lebenslauf

Der **Lebenslauf** ist untergliedert in

- den **Kopf** mit der Überschrift „Lebenslauf", den persönlichen Daten (Name, Anschrift, Geburtsdatum und -ort, Staatsangehörigkeit, Familienstand, ggf. Anzahl der Kinder) und deinem Foto (1),
- den **Hauptteil** mit Angaben zur Schulbildung, Schulabschluss, Praktikum (2),
- **besondere Kenntnisse** und **Hobbys** (3),
- **Datum** und eigenhändige **Unterschrift** (4).

(1) **Lebenslauf**
Name: Kai Sturm
Anschrift: ...
(2) 09/2000–08/2004 Grundschule ...
seit 09/2004 Realschule Dorf
(3) Sprachkenntnisse – Computerkenntnisse – Mitarbeit an der Schülerzeitung – Schülersprecher – Vereinsaktivitäten – ehrenamtliche Tätigkeiten
(4) 12.02.2010
Kai Sturm

ÜBUNG 23 **Die folgende Bewerbung ist formal und inhaltlich falsch. Markiere die Fehler und notiere darunter, welche Angaben fehlen.**

ACHTUNG FEHLER

Clara Meier
Hauptstraße 34
Berlin
Tel.: 030 / 12345678

Betr.: Bewerbung als Auszubildende zur Hotelfachfrau

Liebes Hotelteam!

Von einer Freundin habe ich zufällig erfahren, dass das Hotel Würg Hotelfachkräfte ausbildet. Gerne würde ich bei Ihnen die Betten machen, und fegen macht mir auch Spaß. Außerdem verspreche ich mir von dem Umgang mit Hotelgästen internationale Kontakte.
Ach ja, ich gehe im Moment noch in die zehnte Klasse der Erich-Kästner-Realschule und werde im Juli hoffentlich mit der Schule fertig sein.

Ich bin sehr kontaktfreudig – meine Hobbys sind telefonieren und Musik hören.

Freundliche Grüße

Anlage: Lebenslauf

ÜBUNG 24 **Formuliere aus den Vorgaben in Übung 23 ein korrektes Bewerbungsanschreiben. Wichtige fehlende Informationen darfst du durch frei erfundene Angaben ergänzen. Schreibe in dein Übungsheft.**

ÜBEN

ÜBUNG 25 **Gestalte einen Lebenslauf für Clara Meier, den sie ihrer Bewerbung als Auszubildende zur Hotelfachfrau beifügt. Verwende dabei die folgenden Angaben aus dem Wortspeicher. Schreibe den Lebenslauf auf dem Computer und drucke ihn aus. Wo müsstest du das Passbild anbringen?**

Clara Meier – geb. 18. August 1994 – deutsche Staatsangehörigkeit – Vater Peter Meier – Diplom-Kaufmann – Inhaber einer Speisegaststätte – Mutter Lorena Meier geb. Lorenzo – Hotelfachfrau – Astrid-Lindgren-Grundschule in Berlin – Erich-Kästner-Realschule – angestrebter Schulabschluss: mittlere Reife – zweisprachig aufgewachsen (Deutsch und Italienisch) – Lieblingsfächer: Deutsch und Englisch – Praktika: zwei Wochen in den Herbstferien im Kindergarten „Kunterbunt" – seit Sommer Mithilfe im familieneigenen Restaurant – Mitglied der Schultheatergruppe

ÜBUNG 26 **Überprüfe nun dein Bewerbungsanschreiben aus Übung 24 und den Lebenslauf aus Übung 25 auf mögliche Fehler.**

1. Sind alle Angaben sachlich richtig?
2. Ist die Ausdrucksweise immer stilistisch angemessen?
3. Hast du die Bewerbung in sinnvolle Absätze gegliedert?
4. Ist die Bewerbung sprachlich korrekt (Rechtschreibung, Zeichensetzung und Grammatik)?

WISSEN +

Sind deine Bewerbungsunterlagen vollständig?

- Du kannst deine Bewerbung mit einem **Deckblatt** versehen, welches der optischen Gestaltung dient: Es enthält deinen Namen, die komplette Anschrift, ein Bewerbungsfoto, die Bezeichnung der angestrebten Stelle, die Anschrift des möglichen Arbeitgebers sowie den Empfänger (z. B. Personalchef).
- **Anschreiben:** Sind Absender und Adresse vollständig und korrekt? Ist die Betreffzeile aussagekräftig? Ist die Anrede mit Namen und Titel korrekt?
- **Lebenslauf:** Ist er übersichtlich und chronologisch richtig? Hast du persönliche Interessen angegeben, die zum Ausbildungsberuf passen? Hast du ein gutes Bewerbungsfoto auf dem Lebenslauf angebracht?
- **Anlagen:** Sind alle wichtigen und geforderten Zeugnisse und Bescheinigungen beigefügt? Hast du ausschließlich (saubere) Kopien und keine Originale beigelegt?

Merke: Nicht nur der Inhalt, auch die äußere Form einer Bewerbung ist wichtig!

- Verwende weißes Papier DIN A4.
- Präsentiere deine Unterlagen in einer Mappe in neutraler Farbe (grau, blau).
- Packe die Mappe in einen passenden Umschlag, ohne sie zu knicken.

Klassenarbeit 1

60 Minuten

AUFGABE 1 **Welche Formulierungen eignen sich jeweils für die Einleitung, den Hauptteil oder den Schluss einer Erörterung?**

1. Ein weiteres stichhaltiges Argument ist die Tatsache ...
   →
2. Auch Prof. Dr. Müller, Experte auf diesem Gebiet, vertritt die Ansicht ...
   →
3. Als Konsequenz aus den genannten Argumenten ergibt sich ...
   →
4. Zusätzlich ist festzuhalten ... →
5. Als Kompromiss schlage ich daher vor ... →
6. Der vorliegende Text trägt die Überschrift ... und thematisiert den Sachverhalt, dass ... →
7. Dabei ist auch zu bedenken ... →
8. Abschließend möchte ich argumentieren ... →
9. Diese Argumentation lässt also das folgende Fazit zu: ...
   →

AUFGABE 2 **Ordne die folgenden Texte der richtigen Gattung bzw. Textsorte zu, indem du mit Linien verbindest.**

Elegie
Kurzgeschichte
Sonett
Zeitungsartikel
Ballade
Sachtext
Rede
Werbetext
Epik
Roman
Erzählung
Lyrik
Dramatik
Sage
Tragödie
Anekdote
Komödie
Fabel

AUFGABE 3 **Formuliere verständlicher.**

1. Die Laudatio des Festredners war gespickt mit euphemistischen Worten über die derzeitig gegebene desolate Finanzsituation der Stadt.

2. Der Experte präsentierte der Öffentlichkeit die Resultate seiner Forschung in asymmetrischer, monologischer Gesprächsform.

3. Der eklatante Mangel an Vorbereitungsmaßnahmen auf die Klassenarbeit führte zu einem medusischen Ergebnis.

AUFGABE 4 **Formuliere stilistisch angemessener. Schreibe in dein Übungsheft.**

1. Der Streifen hat mir nicht gefallen und Johnny Depp war auch nicht so gut wie in „Fluch der Karibik 2“.
2. Ich fand das Buch voll übel, ganz klar Daumen runter!

AUFGABE 5 **Nach Schulschluss ist dein Schulbus an der Haltestelle vorbeigefahren, ohne dass der Busfahrer die Türen geöffnet hat und dich und dein/e wartende/r Klassenkamerad/in hat einsteigen lassen. Schreibe einen Beschwerdebrief in dein Übungsheft und verwende dabei die folgenden Stichworte.**

13.38 Uhr

Schülerjahreskarte

Fahrplan

Umsteigen statt direkter Verbindung

Buslinie 711

Beförderungsvertrag

Umweg

Klassenarbeit 2

70 Minuten

AUFGABE 6 Das Fernsehen ist in den letzten Jahren zunehmend in das Blickfeld von Medienkritikern geraten: Besonders in Casting- und Talentshows würden Kandidaten öffentlich zur Schau gestellt und die Grenzen des guten Geschmacks überschritten. Sollten solche Fernsehformate verboten werden? Sammle Argumente, die für bzw. gegen die Produktion und Ausstrahlung solcher Sendungen sprechen. Lege dir dazu in deinem Übungsheft eine Tabelle nach folgendem Muster an:

Pro		Kontra	
Reihenfolge	Argumente	Reihenfolge	Argumente

AUFGABE 7 Gehe die von dir gesammelten Argumente durch und streiche ungeeignete und unbrauchbare Argumente.

AUFGABE 8 Entscheide dich, ob du die Produktion und Ausstrahlung solcher Sendungen befürwortest oder ablehnst. Ordne dann die Argumente der von dir vertretenen Position in steigender Reihenfolge.

Ich bin der Auffassung, dass

AUFGABE 9 Mithilfe geeigneter Konjunktionen kannst du in deiner Argumentation auch Argumente der Gegenseite aufgreifen. Bilde Sätze mit den im Wortspeicher aufgeführten Konjunktionen. Schreibe in dein Übungsheft.

obwohl – dem gegenüber – anstatt – jedoch

TESTEN

AUFGABE 10 **Verfasse nun deine Argumentation. Nimm bei der Gestaltung deiner Einleitung Bezug auf den folgenden Zeitungsartikel. Gehe im Rahmen deiner Argumentation auch auf mögliche Gegenargumente ein. Schreibe in dein Übungsheft.**

Todesnachricht bei Talentshow löst Kritik aus

Zahlreiche Medienbeauftragte kritisieren zurzeit die Verwahrlosung des Fernsehens. Grund dafür ist die Übermittlung einer Todesnachricht an eine Kandidatin während einer Castingshow für Poptalente. Der ausstrahlende Sender wehrt sich gegen die Vorwürfe.

In der für Freitagabend geplanten Folge ist zu sehen, wie eine 17-jährige Kandidatin hinausgebeten wird, um ihr die Nachricht vom Tod einer nahen Familienangehörigen zu überbringen. Die Boulevard-Presse berichtete bereits vor der Ausstrahlung darüber unter der Überschrift „Wie weit darf das Fernsehen gehen?". Die Medienbeauftragten der im Bundestag vertretenen Parteien zeigten sich besorgt über die derzeitige Entwicklung und griffen den Sender deswegen scharf an.

„Die Verwahrlosung in manchen TV-Sendungen macht mich fassungslos. Einem 17-jährigen Mädchen im Rahmen einer TV-Show mitzuteilen, dass ihre Mutter verstorben sei, ist zynisch", teilte einer der Kritiker in einer Pressemitteilung mit. „Dieser Fall zeigt einmal mehr: Wir brauchen in Deutschland dringend eine gesellschaftliche Debatte über die Qualität unseres Fernsehens", meinte er.

Die Sprecherin des Fernsehsenders wies die Vorwürfe zurück. Viele der Kritiker hätten die Sendung gar nicht gesehen, denn die 17-Jährige erfahre nicht vor laufenden Kameras vom Tod ihrer Mutter und werde auch nicht gezeigt, wie sie danach die WG verlasse, betonte sie. „Das Einzige, was man sieht, ist, wie sie der Moderator der Sendung darüber informiert, dass sie einen Anruf hat. Dann verlässt die Kandidatin den Raum und wird danach nicht mehr zu sehen sein." Diese Zurückhaltung sei von Anfang an so geplant gewesen und keine Reaktion auf die derzeitige Medienschelte, erklärte die Sprecherin des Senders.

Klassenarbeit 3

60 Minuten

AUFGABE 11 **Fasse die Kurzgeschichte „Das Brot“ aus dem Jahr 1946 von Wolfgang Borchert in ihren wesentlichen Grundzügen zusammen. Schreibe in dein Übungsheft.**

Das Brot

Plötzlich wachte sie auf. Es war halb drei. Sie überlegte, warum sie aufgewacht war. Ach so! In der Küche hatte jemand gegen einen Stuhl gestoßen. Sie horchte nach der Küche. Es war still. Es war zu still und als sie mit der Hand über das Bett neben sich fuhr, fand sie es leer. Das war es, was es so besonders still gemacht hatte: sein Atem fehlte. Sie stand auf und tappte durch die dunkle Wohnung zur Küche. In der Küche trafen sie sich. Die Uhr war halb drei. Sie sah etwas Weißes am Küchenschrank stehen. Sie machte Licht. Sie standen sich im Hemd gegenüber. Nachts. Um halb drei. In der Küche.

Auf dem Küchentisch stand der Brotteller. Sie sah, daß er sich Brot abgeschnitten hatte. Das Messer lag noch neben dem Teller. Und auf der Decke lagen Brotkrümel. Wenn sie abends zu Bett gingen, machte sie immer das Tischtuch sauber. Jeden Abend. Aber nun lagen Krümel auf dem Tuch. Und das Messer lag da. Sie fühlte, wie die Kälte der Fliesen langsam an ihr hochkroch. Und sie sah von dem Teller weg.

„Ich dachte, hier wär was“, sagte er und sah in der Küche umher.

„Ich habe auch was gehört“, antwortete sie und dabei fand sie, daß er nachts im Hemd doch schon recht alt aussah. So alt wie er war. Dreiundsechzig. Tagsüber sah er manchmal jünger aus. Sie sieht doch schon alt aus, dachte er, im Hemd sieht sie doch ziemlich alt aus. Aber das liegt vielleicht an den Haaren. Bei den Frauen liegt das nachts immer an den Haaren. Die machen dann auf einmal so alt.

„Du hättest Schuhe anziehen sollen. So barfuß auf den kalten Fliesen. Du erkältest dich noch.“

Sie sah ihn nicht an, weil sie nicht ertragen konnte, daß er log. Daß er log, nachdem sie neununddreißig Jahre verheiratet waren.

„Ich dachte, hier wär was“, sagte er noch einmal und sah wieder so sinnlos von einer Ecke in die andere, „ich höre hier was. Da dachte ich, da wäre was.“

„Ich hab auch was gehört. Aber es war wohl nichts.“ Sie stellte den Teller vom Tisch und schnippte die Krümel von der Decke.

„Nein, es war wohl nichts“, echote er unsicher.

Sie kam ihm zu Hilfe: „Komm man. Das war wohl draußen. Komm man zu Bett. Du erkältest dich noch. Auf den kalten Fliesen.“

Er sah zum Fenster hin. „Ja, das muß wohl draußen gewesen sein. Ich dachte, es wäre hier.“

Sie hob die Hand zum Lichtschalter. Ich muß das Licht jetzt ausmachen, sonst muß ich nach dem Teller sehen, dachte sie. Ich darf doch nicht nach dem Teller sehen. „Komm man“, sagte sie und machte das Licht aus, „das war wohl draußen.

TESTEN

Die Dachrinne schlägt immer bei Wind gegen die Wand. Es war sicher die Dachrinne. Bei Wind klappert sie immer.“

Sie tappten beide über den dunklen Korridor zum Schlafzimmer. Ihre nackten Füße platschten auf den Fußboden.

„Wind ist ja“, meinte er. „Wind war schon die ganze Nacht.“ Als sie im Bett lagen, sagte sie: „Ja, Wind war schon die ganze Nacht. Es war wohl die Dachrinne.“

„Ja, ich dachte, es wäre in der Küche. Es war wohl die Dachrinne.“ Er sagte das, als ob er schon halb im Schlaf wäre.

Aber sie merkte, wie unecht seine Stimme klang, wenn er log.

„Es ist kalt“, sagte sie und gähnte leise, „ich krieche unter die Decke. Gute Nacht.“

„Nacht“, antwortete er und noch: „ja, kalt ist es schon ganz schön.“

Dann war es still. Nach vielen Minuten hörte sie, daß er leise und vorsichtig kaute. Sie atmete absichtlich tief und gleichmäßig, damit er nicht merken sollte, daß sie noch wach war. Aber sein Kauen war so regelmäßig, daß sie davon langsam einschlief.

Als er am nächsten Abend nach Hause kam, schob sie ihm vier Scheiben Brot hin. Sonst hatte er immer nur drei essen können.

„Du kannst ruhig vier essen“, sagte sie und ging von der Lampe weg. „Ich kann dieses Brot nicht so recht vertragen. Iß du man eine mehr. Ich vertrag es nicht so gut.“

Sie sah, wie er sich tief über den Teller beugte. Er sah nicht auf. In diesem Augenblick tat es ihr leid.

„Du kannst doch nicht nur zwei Scheiben essen“, sagte er auf seinen Teller.

„Doch. Abends vertrag ich das Brot nicht gut. Iß man.“

Erst nach einer Weile setzte sie sich unter die Lampe an den Tisch.

(aus: Wolfgang Borchert, Das Gesamtwerk, hrsg. von Michael Töteberg unter Mitarbeit von Irmgard Schindler © 2007 by Rowohlt Verlag GmbH, Reinbek bei Hamburg.)

AUFGABE 12 **Arbeite nun heraus, durch welche formalen und stilistischen Besonderheiten der Text „Das Brot“ aus Aufgabe 11 geprägt ist. Schreibe in dein Übungsheft.**

AUFGABE 13 **Fasse abschließend deine Untersuchungsergebnisse aus Aufgabe 11 und Aufgabe 12 zusammen und lege dar, welche Intention (Absicht) Wolfgang Borchert mit seiner Kurzgeschichte „Das Brot“ verfolgt haben könnte. Schreibe in dein Übungsheft.**

Umgang mit Literatur

3.1 Reden analysieren

Eine besondere Form von Sachtexten sind **Reden:** Sie sollen die Zuhörer beeinflussen. Textsorten, die sich direkt an die Zuhörer wenden, werden **appellative** (lat. appellare = jemanden ansprechen) **Texte** (↑ Kap. 2.3) genannt.	Reden – Werbetexte – Flugblätter
Bei der Analyse einer Rede sind die folgenden Punkte zu beachten:	
■ **Redesituation:** Wer redet zu welchem Thema oder Anlass? An wen richtet sich die Rede (Adressat)?	Die Kanzlerin wendet sich in ihrer Neujahrsansprache an die Bundesbürger.
■ **Inhalt:** Hauptaussage (These) und Argumente;	Rückblick auf Erlebtes und Geleistetes in einer Geburtstagsrede
■ **Redeabsicht:** Welchen Zweck verfolgt die Rede?	Verteidigungsrede – Protestaufruf
■ **Rhetorische Mittel:** Wie wird vorgetragen? Welche Stilmittel fallen auf?	Metapher – Vergleich – Antithese
Einige rhetorische Mittel kommen in Reden besonders häufig vor:	
■ Eine **Alliteration** meint den Gleichklang von Anfangsbuchstaben bzw. -silben.	mit **M**ann und **M**aus – **sang**- und **klang**los
■ Eine **Anapher** ist eine Wortwiederholung am Satzanfang.	**Gepriesen** sei Gott! **Gepriesen** sei der Herr!
■ Eine **Antithese** stellt zwei gegensätzliche Begriffe gegenüber.	Der Tod ist **lang,** und **kurz** ist unser Leben.
■ Eine Beschönigung nennt man **Euphemismus.**	verscheiden *(statt: sterben)*
■ Eine **Ellipse** ist eine Auslassung, z. B. ein grammatisch unvollständiger Satz.	Kein Wort. *(statt: Er sagte kein Wort.)*
■ Ein **Parallelismus** ist der inhaltlich und grammatisch gleichmäßige Bau von Satzgliedern oder Sätzen.	„Die Lerche schwingt sich in die Luft, das Täublein fliegt aus seiner Kluft" (Paul Gerhardt: „Sommerlied")
■ Eine **rhetorische Frage** ist eine unechte Frage, also eine Scheinfrage.	Sind wir nicht alle ein wenig verrückt?

ÜBUNG 1 Ergänze. Wähle deine Worte gezielt aus, um eine Rede zu analysieren. Für jede Lücke gibt es mehrere Möglichkeiten.

gelangweilt – sinnvoll – wirkungsvoll – ehrlich – offen – engagiert – mitreißend – glaubwürdig – logisch – genervt – verdeckt – unwahr – aktuell – bedeutsam

1. Der Redner trägt seine Rede ______ vor.
2. Die vorgebrachten Argumente sind ______.
3. Mimik und Gestik unterstützen die Rede ______.
4. Der Redner legt seine Interessen ______ dar.
5. Die angesprochenen Sachverhalte sind ______.

ÜBUNG 2 Definiere die folgenden Begriffe stichwortartig.

Parallelismus: ______

Rhetorische Frage: ______

Antithese: ______

Euphemismus: ______

Vergleich: ______

ÜBUNG 3 Welche Redeform passt zu welcher Redeabsicht? Ordne je einer Redeform links einen passenden Redeanfang rechts zu, indem du mit Linien verbindest.

Referat	Aus Anlass der 750-Jahr-Feier unserer Stadt …
Neujahrsansprache	In seinem Kommentar stellt der Redakteur Hannes Meier fest, dass …
Festrede	Allergnädigster Herr und Kaiser, ich erscheine gehorsam zu dem Zeitpunkt, der mir bestimmt worden ist, und bitte die allergnädigste Majestät und die durchlauchtigsten Fürsten um Gottes Barmherzigkeit, sie möchten meine Sache in Gnaden anhören …
Verteidigungsrede	Liebe Mitbürgerinnen und Mitbürger, was kann man alles in einem Jahr erreichen? …

ÜBUNG 4 **Untersuche die Struktur und den Inhalt einer Rede. Ordne dazu die folgenden Fragen, die du bei jeder Analyse stellen musst, einem dieser Punkte zu: Redeform, Redesituation, Inhalt und Argumente, Redeabsicht, rhetorische Mittel.**

1. Wer hört dem Redner zu? Redesituation
2. Welche Wirkung hat der Redner auf das Publikum?
3. Fallen dir sprachliche Besonderheiten auf? Welche?
4. Welche Argumente nennt der Redner?
5. Gibt es Wortwiederholungen? Wenn ja, an welchen Stellen und wozu?
6. Wo wird die Rede gehalten?
7. Gibt es besondere (z. B. historische oder politische) Hintergründe, die einen Einfluss auf die Rede (gehabt) haben?
8. Wie trägt der Redner seine Rede vor?

WISSEN

Eine Rede halten Bei der Vorbereitung einer Rede solltest du die Redesituation, die Redeabsicht und den Inhalt genau durchdenken:	
■ **Thema** klar eingrenzen, gründlich recherchieren: unterschiedliche **Informationen** beschaffen (↑ Kap. 1.2) und bewerten;	Nachschlagen im Lexikon – Recherche im Internet – Befragen von Experten
■ **Stichwortzettel** anfertigen, damit du deine Rede möglichst frei halten kannst;	Hauptaussagen – Zitate
■ den **Zuhörerkreis** bedenken und deine Rede danach ausrichten;	Gibt es Experten unter den Zuhörern? – Musst du Fachbegriffe erläutern?
■ Blickkontakt zum **Publikum** halten, auf dessen Reaktionen achten und deine Rede entsprechend gestalten;	Bei Langeweile: ins Detail gehende Ausführungen weglassen. – Bei Interesse: zusätzlich Informationen einbringen.
■ **rhetorische Mittel** gezielt einsetzen;	Ist es euch auch schon so ergangen?
■ geeignetes **Anschauungsmaterial** bereithalten;	Karten – Realien zum Vorzeigen – Präsentationsfolien – Diagramme
■ **Gestik** und **Mimik** einsetzen.	Zeigestock / Laserpointer zum Deuten

3.2 Lyrik

Die **Lyrik** ist eine Gattung, die sich durch **Reim, Rhythmus** und **Versmaß (Metrum)** auszeichnet. Diese formalen Besonderheiten werden genutzt, um subjektive Empfindungen, Gefühle und Stimmungen auszudrücken. Einen lyrischen Text nennt man **Gedicht.**	Sonett – Ballade – Lied – Elegie – Ode
Gedichte lassen sich inhaltlich, d. h. nach dem thematischen Schwerpunkt ordnen:	
■ **Erlebnislyrik** berichtet von persönlichen, realen, irrealen oder traumhaften Erlebnissen.	Friedrich v. Schiller: „Die Bürgschaft“
■ **Großstadtlyrik** ist eine dichterische Antwort auf die historische Entwicklung nach der industriellen Revolution; oft werden negative Erfahrungen des Menschen in einer anonymen Großstadt thematisiert.	Georg Heym: „Die Stadt“
■ **Liebeslyrik** beschreibt die Liebe in ihren unterschiedlichen Formen und Ausprägungen, etwa als Hymne an die geliebte Person, als Dank, aber auch als Trauer- oder Abschiedsgesang.	Heinrich Heine: „Du bist wie ein Blume“
■ **Naturlyrik** thematisiert die Natur in ihren vielfältigen Ausformungen (Landschaft, Wetter, Fauna, Flora) und ist dabei häufig idealisierend.	Rainer Maria Rilke: „Herbsttag“
■ **Politische Lyrik** beschäftigt sich mit politischen Ideen oder Ereignissen.	Paul Celan: „Die Todesfuge“
Stehen Gedichte in Ich-Form, bezeichnet man den Sprecher als **lyrisches Ich.** Es teilt dem Leser seine Erlebnisse, Gefühle oder Eindrücke mit. Dieses lyrische Ich ist mit dem Autor meist nicht identisch.	„Leise zieht durch mein Gemüt Liebliches Geläute ...“ (Heinrich Heine: „Leise zieht durch mein Gemüt“)
Vers und **Strophe** bestimmen die rhythmische Gestaltung eines Gedichts: ■ Als **Vers** bezeichnet man eine Zeile des Gedichts. ■ Mehrere Verse ergeben eine **Strophe,** die durch einen Absatz von der nächsten Strophe getrennt wird.	*Eine Strophe aus sieben Versen:* „Zu Dionys, dem Tyrannen, schlich Damon, den Dolch im Gewande: Ihn schlugen die Häscher in Bande, ‚Was wolltest du mit dem Dolche? sprich!‘ Entgegnet ihm finster der Wüterich. ‚Die Stadt vom Tyrannen befreien!‘ ‚Das sollst du am Kreuze bereuen.‘“ (Friedrich v. Schiller: „Die Bürgschaft“)

Das **Versmaß** oder **Metrum** bezeichnet die regelmäßige Abfolge von **Hebungen** (betonten Silben: x́) und **Senkungen** (unbetonten Silben: x) in einem Vers.
Die kleinste zusammengehörige Einheit von betonter und unbetonter Silbe nennt man **Versfuß.** Hier unterscheidet man zwischen Jambus, Trochäus, Daktylus und Anapäst. Je nach Anzahl der Hebungen spricht man von einem zwei-, drei- oder vierhebigen Metrum usw.

Flamme: x́ x

Jambus: x x́
Trochäus: x́ x
Daktylus: x́ x x
Anapäst: x x x́

zweihebiger Trochäus: x́ x x́ x / ...
dreihebiger Trochäus: x́ x x́ x x́ x / ...

Unter einem **Endreim** versteht man den Gleichklang von Silben am Versende. Man kennzeichnet ihn durch Kleinbuchstaben (a, b, c usw.), wobei die reimenden Verse jeweils denselben Buchstaben erhalten.
Ein **reiner Reim** liegt vor, wenn die Wörter vom letzten betonten Vokal an gleich klingen; der annähernde Gleichklang wird als **unreiner Reim** bezeichnet.

„Ich ging im Walde (a)
So für mich hin, (b)
Und nichts zu suchen, (c)
Das war mein Sinn.“ (b)
(Johann Wolfgang v. Goethe: „Gefunden“)

Reiner Reim: Schloss – Tross
Unreiner Reim: befreien – bereuen

Die Abfolge der sich reimenden Wörter bestimmt das **Reimschema:**
- **Paarreim:** aabb
- **Kreuzreim:** abab
- **umarmender Reim:** abba
- **Schweifreim:** aabccb

Die unterschiedlichen Reimschemata können miteinander kombiniert werden, um die Reime spannender zu gestalten.

Umarmender Reim und Paarreim:
„Zu Dionys, dem Tyrannen, schlich (a)
Damon, den Dolch im Gewande: (b)
Ihn schlugen die Häscher in Bande, (b)
‚Was wolltest du mit dem Dolche? sprich!‘ (a)
Entgegnet ihm finster der Wüterich. (a)
‚Die Stadt vom Tyrannen befreien!‘ (c)
‚Das sollst du am Kreuze bereuen.‘“ (c)
(Friedrich v. Schiller: „Die Bürgschaft“)

Die **Analyse** eines lyrischen Werks:
- In der **Einleitung** nennst du Verfasser und Titel des Gedichts und ordnest es inhaltlich einer Gedichtart zu, wobei du den Inhalt knapp zusammenfasst.
- Im **Hauptteil** beschreibst du die äußere Form (Anzahl der Strophen und Verse) sowie die innere Form (Reim, Rhythmus, Metrum, rhetorische Mittel). Dann ordnest du die Wirkung der sprachlichen Kunstgriffe dem Inhalt des Gedichts zu.
- Am **Schluss** gehst du auf die Intention des Autors ein und gibst eine eigene Bewertung oder beziehst Stellung.

Einleitung:
In seiner Ballade „Die Bürgschaft“ führt der Autor Friedrich von Schiller zu Beginn zwei Personen, nämlich den Tyrannen Dionys und den Helden Damon ein. Die Tatsache, dass diese beiden Personen dabei in den beiden letzten Versen der ersten Strophe dialogisch gegeneinander antreten, lässt darauf schließen, dass es sich im Folgenden um Erlebnislyrik handelt. ...

ÜBUNG 5 **Definiere die folgenden Begriffe.**

Metrum:

Versfuß:

Jambus:

Daktylus:

Reim:

ÜBUNG 6 **Bestimme jeweils das Reimschema der folgenden Gedichtzeilen. Aufgepasst: In einem Gedicht fällt eine Zeile aus dem Reimschema heraus – welche?**

Es ist schon spät, es wird schon kalt,
Was reist du einsam durch den Wald?
Der Wald ist lang, du bist allein,
Du schöne Braut! Ich führ dich heim!
(Joseph v. Eichendorff: „Waldgespräch“)

1.

Schläft ein Lied in allen Dingen,
Die da träumen fort und fort,
Und die Welt hebt an zu singen,
Triffst du nur das Zauberwort.
(Joseph v. Eichendorff: „Wünschelrute“)

2.

Frühling lässt sein blaues Band
Wieder flattern durch die Lüfte;
Süße, wohlbekannte Düfte
Streifen ahnungsvoll das Land.
Veilchen träumen schon,
Wollen balde kommen.
– Horch, von fern ein leiser Harfenton!
Frühling, ja du bist's!
Dich hab ich vernommen!
(Eduard Mörike: „Er ist's“)

3.

Immer enger, leise, leise,
Ziehen sich die Lebenskreise,
Schwindet hin, was prahlt und prunkt,
Schwindet Hoffen, Hassen, Lieben,
Und ist nichts in Sicht geblieben
Als der letzte dunkle Punkt.
(Theodor Fontane: „Ausgang“)

4.

Die Mitternacht zog näher schon;
In stummer Ruh lag Babylon,
Nur oben in des Königs Schloss,
Da flackerts, da lärmt des Königs Tross.
(Heinrich Heine: „Belsatzar“)

5.

ÜBUNG 7 **Kennzeichne bei den folgenden Gedichtzeilen jeweils die Hebungen und Senkungen und bestimme das Metrum.**

1. × ×́ →

Es schlug mein Herz geschwind zu Pferde
(Goethe: „Willkommen und Abschied“)

2. →

Schenke groß oder klein, aber immer gediegen
(Ringelnatz: „Schenken“)

3. →

Himmlisches Leben im blauen Gewande
(Novalis: „Das Gedicht“)

4.

Hat der alte Hexenmeister

→

Sich doch einmal wegbegeben!
(Goethe: „Der Zauberlehrling“)

ÜBEN

ÜBUNG 8 Eine Gedichtanalyse vorbereiten: Lies zunächst Georg Heyms Gedicht „Der Gott der Stadt“ aus dem Jahre 1911 gründlich durch. Wenn darin Worte oder Begriffe vorkommen, die dir unbekannt sind, schlage sie nach.

Der Gott der Stadt

Auf einem Häuserblocke sitzt er breit.
Die Winde lagern schwarz um seine Stirn.
Er schaut voll Wut, wo fern in Einsamkeit
Die letzten Häuser in das Land verirrn.

Vom Abend glänzt der rote Bauch dem Baal,
Die großen Städte knien um ihn her.
Der Kirchenglocken ungeheure Zahl
Wogt auf zu ihm aus schwarzer Türme Meer.

Wie Korybanten-Tanz dröhnt die Musik
Der Millionen durch die Straße laut.
Der Schlote Rauch, die Wolken der Fabrik
Ziehn auf zu ihm, wie Duft von Weihrauch blaut.

Das Wetter schwält in seinen Augenbrauen.
Der dunkle Abend wird in Nacht betäubt.
Die Stürme flattern, die wie Geier schauen
Von seinem Haupthaar, das im Zorne sträubt.

Er streckt ins Dunkel seine Fleischerfaust.
Er schüttelt sie. Ein Meer von Feuer jagt
Durch eine Straße. Und der Glutqualm braust
Und frisst sie auf, bis spät der Morgen tagt.

ÜBUNG 9 Bestimme die äußere Form und das Reimschema des Gedichts.

ÜBUNG 10 Welche Grundgedanken werden deiner Meinung nach in diesem Gedicht formuliert? Beschreibe diese in eigenen Worten in deinem Übungsheft. Kannst du diese Gedanken nachvollziehen? Begründe.

ÜBUNG 11 Durch welche rhetorischen Mittel bringt das lyrisch Ich seine Gedanken zum Ausdruck? Benenne drei dir besonders wichtig erscheinende rhetorische Mittel und deute sie im Gesamtzusammenhang des Gedichts. Schreibe in dein Übungsheft.

3.3 Kurzgeschichte

Die **Kurzgeschichte** ist eine Form der erzählenden Dichtung (Epik), in der
- eine Begebenheit knapp erzählt wird,
- die Personen nur skizziert werden und
- der Schluss meist eine Pointe enthält.

In Deutschland wurde die Kurzgeschichte erst nach dem Zweiten Weltkrieg populär.

Wolfgang Borchert: „Nachts schlafen die Ratten doch“
Gabriele Wohmann: „Denk immer an heut Nachmittag“

Der **Inhalt** einer Kurzgeschichte ist zumeist beschränkt: Es handelt sich dabei häufig um **Momentaufnahmen**, z. B. ein besonderes Ereignis oder eine besondere Lebenssituation. Die Handlung umfasst einen klar umrissenen und kurzen Zeitraum.

Wolfgang Borchert thematisiert in „Nachts schlafen die Ratten doch“ eine nur wenige Minuten dauernde Begegnung zwischen einem Jungen und einem älteren Mann auf einem Trümmerfeld der Nachkriegszeit.

Formale Besonderheiten einer Kurzgeschichte sind:
- Kürze und Ausschnitthaftigkeit (1);
- meist sachliche, knappe und nüchterne sprachliche Gestaltung; häufig wird auch Alltags- bzw. Umgangssprache verwendet (2);
- die Handlung verläuft in der Regel linear, Gegenstand ist häufig eine Alltagssituation (3);
- der Anfang der Geschichte ist oft situativ und unvermittelt, d. h., es gibt keine Einführung in die Situation (4);
- das Ende bleibt meist offen, der Leser bleibt daher oft verunsichert zurück (5).

(1) Gabriele Wohmanns Kurzgeschichte: „Denk immer an heut Nachmittag“ hat nur ca. 2 Seiten Umfang.
(2) „,Wie im Aussichtswagen. Lauter lustige Dinge', sagte der Vater.“
(3) In „Denk immer an heut Nachmittag“ bringt ein Vater seinen Jungen ins Internat; die Gespräche und Ereignisse auf der Fahrt dorthin werden chronologisch erzählt.
(4) Der erste Satz der Kurzgeschichte lautet: „Eine halbe Stunde Fahrt auf der Hinterplattform“, sagte der Vater, „wieder was Schönes zum Drandenken.“
(5) Als sich der Vater verabschiedet, beginnt sein Sohn zwar nachzudenken und zu verstehen, doch gibt es nur Andeutungen, keine Erklärungen: „Nun erst fiel ihm auf, dass er noch nie daran gedacht hatte, seinen Vater zu bedauern.“

Für die **Charaktere** gilt:
- Meist sind es nur wenige Hauptpersonen, um die sich das Geschehen dreht.
- Die handelnden Figuren sind einfache Menschen; es handelt sich eher um Typen von Charakteren denn Personen mit individuellen Zügen; ihre Lebensumstände sind für den Leser nachvollziehbar.
- Im Gegensatz zum Roman durchlaufen sie keine Entwicklung.

Vater und **Sohn** in Gabriele Wohmanns Kurzgeschichte „Denk immer an heut Nachmittag“
ein älterer **Mann** und ein **Junge** namens Jürgen in Wolfgang Borcherts Kurzgeschichte „Nachts schlafen die Ratten doch“

ÜBUNG 12 **Welches der folgenden Themen eignet sich für eine Kurzgeschichte, welches nicht? Begründe deine Meinung.**

1. Schule macht die Kinder dumm:
2. Mein Jahr als Agent:
3. Leben, um darüber zu berichten:
4. Drei Minuten Glück:

ÜBUNG 13 **Lies die ersten Zeilen von einigen fiktiven Texten. Welcher dieser Einstiege eignet sich für eine Kurzgeschichte, welcher nicht? Begründe deine Meinung.**

1. Ein Mann. Ein Bahnsteig. Ein Koffer. Ein greller Pfiff.
2. Autoabgase stellen eine immense Belastung für die Umwelt dar. Die in ihnen enthaltenen Schadstoffe, darunter Kohlenstoffverbindungen, Stickoxide und anderes mehr, haben einen negativen Einfluss auf die Gesundheit der Wälder.
3. Meine Mittagspause dauert genau 30 Minuten – lange genug, um anständig zu flirten, kurz genug, um daraus nichts Ernstes werden zu lassen.
4. Als meine Mutter mich geboren hatte, damals, vor mehr als siebzig Jahren, begann die Geschichte, von der ich nun berichte.

ÜBUNG 14 **Die Checkliste zur Interpretation einer Kurzgeschichte ist durcheinandergeraten. Bringe die Arbeitsschritte in eine sinnvolle Reihenfolge, indem du sie nummerierst.**

- Textaussage und beabsichtigte Wirkung schildern und kommentieren.
- Die Kurzgeschichte lesen.
- Eine knappe Inhaltsangabe verfassen.
- Auf Sachlichkeit achten, im Präsens schreiben und nur bei vorzeitigen Ereignissen auf das Perfekt zurückgreifen.
- Eine eigene Meinung äußern.
- Den Text in Sinnabschnitte gliedern und Textmarkierungen anbringen.
- Die Textaussage benennen.
- Den Text detailliert untersuchen: zentrale Motive erkennen und beschreiben, Ort, Zeit und Atmosphäre des Geschehens schildern und bewerten.
- Die eigene Argumentation zusammenfassen.
- Die Figuren und ihre Beziehung zueinander darstellen und erläutern.

ÜBUNG 15 **Welche drei typischen Merkmale einer Kurzgeschichte kannst du in folgendem Auszug aus der Kurzgeschichte „Vor dem Gesetz“ von Franz Kafka (1883–1924) erkennen? Schreibe in dein Übungsheft.**

Vor dem Gesetz steht ein Türhüter. Zu diesem Türhüter kommt ein Mann vom Lande und bittet um Eintritt in das Gesetz. Aber der Türhüter sagt, dass er ihm jetzt den Eintritt nicht gewähren könne. Der Mann überlegt und fragt dann, ob er also später werde eintreten dürfen. „Es ist möglich“, sagt der Türhüter, „jetzt aber nicht.“ Da das Tor zum Gesetz offen steht wie immer und der Türhüter beiseite tritt, bückt sich der Mann, um durch das Tor in das Innere zu sehen. Als der Türhüter das merkt, lacht er und sagt: „Wenn es dich so lockt, versuche es doch, trotz meines Verbotes hineinzugehen. Merke aber: Ich bin mächtig. Und ich bin nur der unterste Türhüter. Von Saal zu Saal stehen aber Türhüter, einer mächtiger als der andere. Schon den Anblick des dritten kann nicht einmal ich mehr ertragen.“

ÜBEN

3.4 Drama

Dramatische Texte sind eine literarische Form, in der eine meist in sich abgeschlossene Handlung szenisch dargestellt wird. Daher werden Dramen auch als „Bühnenstücke“ oder einfach als „Stücke“ bezeichnet. Sie enthalten Regieanweisungen, also Hinweise, die die Realisation eines Stückes auf der Bühne betreffen.

Gotthold Ephraim Lessing: „Nathan der Weise“
Johann Wolfgang v. Goethe: „Iphigenie auf Tauris“
Friedrich v. Schiller: „Die Räuber“

Je nach Inhalt werden Dramen in die drei klassischen Formen unterteilt:

- Die **Tragödie** hat einen tragischen Konflikt zum Mittelpunkt, für den der Protagonist (die Hauptfigur) keine Lösung sieht und der in eine Katastrophe umschlägt.

  Sophokles: „Antigone“

- Die **Komödie** ist heiter, komisch und durch einen glücklichen Ausgang für die handelnden Figuren gekennzeichnet.

  Heinrich v. Kleist: „Der zerbrochne Krug“

- In der **Tragikomödie** wirken tragische und komische Elemente so zusammen, dass die Tragik durch humoristische Brechung gemildert wird oder die Komik die tragischen Aspekte vertieft.

  Friedrich Dürrenmatt: „Der Besuch der alten Dame“

Klassische Dramen sind in der Regel in fünf Akte gegliedert:

- Im **ersten Akt** werden die Protagonisten vorgestellt und das Geschehen eingeführt. Dies nennt man **Exposition.**
- Im **zweiten Akt** spitzt sich der Konflikt zu; dies bezeichnet man als **steigende Handlung.** Das erregende Moment gibt den Ausschlag für die weitere Entwicklung.
- Im **dritten Akt** findet sich der **Höhepunkt** der Ereignisse. Die Handlung schlägt um (Peripetie).
- Im **vierten Akt** wird der Konflikt herausgezögert; man spricht vom **retardierenden Moment,** mit dem der Spannungsbogen verlängert wird.
- Im **fünften Akt** kommt es zur **Katastrophe:** Die einzige und letzte Möglichkeit der Konfliktlösung besteht im Untergang des Helden bzw. der Heldin.

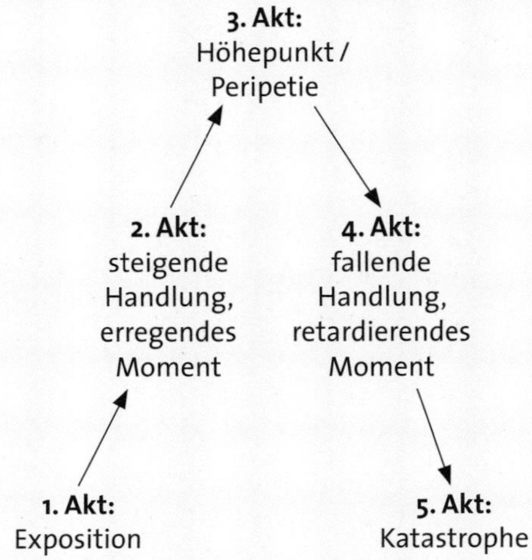

ÜBUNG 16 **Die folgenden Begriffe haben in der Dramenanalyse eine wichtige Bedeutung. Definiere sie in deinem Übungsheft.**

Tragikomödie – Akt – Katastrophe – Szene – Exposition – Monolog

WISSEN

Das epische Theater
Das epische Theater ist eine von **Bertolt Brecht** in den Zwanzigerjahren des 20. Jahrhunderts entwickelte Form, die dem Zuschauer eine kritische Einstellung zur Welt vermitteln soll. Brecht wollte die Zuschauer zum Besseren verändern. Um diese Wirkung zu erzielen, erfand er den sogenannten **Verfremdungseffekt (V-Effekt).** Dieser soll eine kritische Distanz des Zuschauers zum Geschehen auf der Bühne schaffen, denn im Gegensatz zum klassischen Drama ist keine Identifikation des Zuschauers mit dem Helden gewünscht.
Brecht erreicht diesen V-Effekt durch kritische Kommentare, z. B. durch einen Erzähler, musikalische Einlagen und die häufig umgangssprachliche bzw. dialektale Ausdrucksweise der Figuren. Beispiele hierfür finden sich etwa in seinen Stücken „Die Dreigroschenoper", „Die heilige Johanna der Schlachthöfe", „Mutter Courage und ihre Kinder", „Der gute Mensch von Sezuan" usw.

ÜBUNG 17 **Klassisches Drama oder episches Theater? Welcher Dramenform lassen sich die folgenden Textstellen zuordnen? Begründe deine Antwort.**

1. Die Geliebte: „Hör auf zu reden! Deine Lügen will ich nicht mehr hören!"

2. Der Erzähler: „Habt Ihr gehört? Der Junge überlegt, nicht mehr nach Hause zu gehen!"

3. Der Bote: „Mein König, die feindlichen Truppen rücken stündlich näher."

4. Beobachter: „Wer hat recht? Wer kann wissen, warum geschah, was geschehen ist?"

5. Das Mädchen: „Vater, wenn es dein Wille ist, dass ich den Prinzen heirate, dann wird es so geschehen."

6. Die Frau: „Ich sage, dass ich's tat und lüge nicht!"

7. Mann auf der Straße: „Da drüben, da steht der Herr Schmitz. Er ist der Mann, von dem die ganze Stadt redet."

ÜBUNG 18 **Textanalyse: Ordne die Begriffe bzw. die Fragen, die du entweder an das klassische Drama oder an das epische Theater stellen musst, richtig zu. Versuche, einem Begriff jeweils die richtige Entsprechung gegenüberzustellen.**

Was passiert am Ende? – retardierendes Moment – kritische Distanz – offenes Ende – chronologische Abfolge der Handlung – Umgangssprache – gesetzmäßiger Aufbau des Dramas (Fünf-Akt-Schema) – Identifikation mit dem Helden – Wie kommt es zu den Ereignissen? – gereimte Verse – Exposition – Figur des Erzählers

Klassisches Drama	Episches Theater

ÜBUNG 19 **Was hältst du von der Behauptung, dass Brechts Figuren nicht klüger seien als die Menschen im wirklichen Leben? Beziehe in deine Überlegungen vor allem die Wirkung auf den Zuschauer ein. Schreibe in dein Übungsheft.**

3.5 Charakterisierung einer literarischen Figur

Literatur, egal in welcher Form (Kurzgeschichte, Drama, Novelle, Roman usw.), kommt in der Regel nicht ohne Figuren aus – handelnde Personen, die als **Charaktere** bezeichnet werden.	**Doktor Faust** in Johann Wolfgang v. Goethes Drama „Faust“ **Gustav Aschenbach** in Thomas Manns Novelle „Der Tod in Venedig“
Eine **Charakterisierung** ist die intensive Auseinandersetzung mit einer Figur, um ■ das Verhalten der jeweiligen Figur besser zu verstehen und nachvollziehbar werden zu lassen; ■ gleichsam zu einem besseren Gesamtverständnis des Textes zu gelangen sowie ■ durch die Beschäftigung mit fiktiven, aber sorgsam konstruierten Charakteren die eigene Menschenkenntnis zu trainieren.	
Ein literarischer Charakter setzt sich aus verschiedenen **Merkmalen und Wesenszügen** zusammen und hat sowohl äußere als auch innere Merkmale.	
Zu den **äußeren Merkmalen** gehören: ■ Lebensdaten ■ Aussehen, Gesamteindruck ■ einzelne Körperteile ■ besondere Kennzeichen	 Alter – Beruf – Familienstand Erscheinung – Körpergröße Haare – Gesicht – Hände – Beine Kleidung – Schmuck – Behinderungen
Zu den **inneren Merkmalen** gehören: ■ Charaktereigenschaften, Verhaltensweisen, persönliche Eigenarten ■ Verhalten gegenüber anderen Figuren ■ Entwicklung einer Figur im Verlauf der Handlung (insbesondere im Roman)	 Großzügigkeit – Ehrlichkeit – Geiz – Mitleidsfähigkeit Freundschaft – Liebe – Hass Erwachsenwerden – Entwicklung von einer jungen Frau zur Mutter
Aufgepasst: Ist eine Figur nur auf eine Eigenschaft beschränkt, so spricht man meist von einem **Typus.** Solche Typen finden sich häufig in Komödien und Kurzgeschichten.	Protagonist in Molières Komödie „Der Geizige“ Der alte Mann in Borcherts Kurzgeschichte „Nachts schlafen die Ratten doch“

Auch Sprache und Ausdrucksweise sagen einiges über die jeweilige Figur aus. Untersuche daher **Wortwahl** und **Sprachniveau,** durch die sich die Figur auszeichnet bzw. von den anderen Figuren abgrenzt.

Wortwahl:
gepflegt – gebildet – sachlich – ausschweifend – abwechslungsreich – monoton
Sprachniveau:
Hochsprache – Umgangssprache – Dialekt – Fachsprache (z. B. medizinische Begriffe)

Aufbau einer Charakterisierung:

- In der **Einleitung** nennst du den Titel, den Autor, die Textart und die zu charakterisierende Figur sowie die Funktion, die diese im Text übernimmt; begründe ggf., warum diese Figur für die Charakterisierung gewählt wurde.

Einleitung:
Lise Müller, eine einfache Bäuerin, wird in Peter Schmidts Roman „Auf dem Land“ zu einer Hauptfigur, da sie als einzige Bewohnerin des ganzen Dorfes Widerstand gegen die niederträchtige Räuberbande leistet ...

- Im **Hauptteil** erfolgt die genaue Analyse der Figur: Beschreibe zunächst die äußeren Merkmale (Alter, Beruf, soziale Stellung, Erscheinung, Körperform, Kleidung, Sprechweise, Gestik, Haltung usw.), dann die inneren Merkmale (Eigenschaften, Verhaltensweisen, Ideale, Geisteshaltung, Beziehung zu anderen Figuren, Entwicklung usw.). Beziehe diese Merkmale anschließend aufeinander.

Hauptteil:
Ihr Körperbau wirkt gedrungen, die muskulösen Arme können sicherlich kräftig zupacken. Ihre Haut ist faltig und wettergegerbt, ihre Kleidung zweckmäßig: ein grüner Overall, Gummistiefel, um die Haare ein Tuch gebunden ...

- Zum **Schluss** fasst du das Charakterbild der beschriebenen Person knapp zusammen und formulierst eine eigene Meinung bzw. nimmst Stellung zur Figur.

Schluss:
Lise Müller ist eine aufrichtige, herzensgute Person, die für ihre mutige Tat unser aller Anerkennung verdient.

Merke: Eine literarische Charakterisierung wird im Präsens geschrieben.

Denke daran, auch den **historischen** oder **gesellschaftlichen Kontext** in deine Charakterisierung mit einfließen zu lassen. Literarische Figuren sind häufig auch typischer Vertreter ihrer Zeit.

Lessing: „Nathan der Weise“ → Figur der Aufklärung

ÜBUNG 20 **Ordne die Beschreibungen und Charaktereigenschaften aus dem Wortspeicher jeweils einer der folgenden Figuren zu. Unterscheide dabei äußere und innere Merkmale.**

gelangweilter Blick – Anzug und Krawatte – attraktives Aussehen – von mittlerem Alter – „Blaumann" – gepflegt gekleidet – Brille – mürrischer Gesichtsausdruck – hektisch und gestresst – rissige Haut an den Händen – jugendliche Gesichtszüge – Jeans und Turnschuhe – Jeans und Pulli – jungenhaftes Gesicht – lackierte Fingernägel – wortkarg und verschlossen – das Gesicht mit Pickeln übersät – freundlich und sympathisch – die Haare zu einem Pferdeschwanz zusammengebunden – Sicherheitsschuhe – schwarze Ränder unter den Fingernägeln – ausgetretene Gesundheitsschuhe – betont lässig wirkend – selbstbewusst

Figur	**äußere Merkmale**	**innere Merkmale**
Sekretärin		
Geschäftsmann		
Hausfrau		
Teenager, männlich		
Hausmeister		

WISSEN

Aussagen belegen
In einer literarischen Charakteristik musst du alle deine Aussagen mit Textstellen belegen. Nach Möglichkeit gibst du dabei die genaue Textzeile an.

Aufgepasst: Du darfst der zu charakterisierenden Figur keine erfundenen Merkmale andichten! Ein Hinweis darauf, dass bestimmte Angaben aber z. B. klischeehaft sind und im Leser bestimmte Assoziationen hervorrufen, ist durchaus angebracht.

ÜBUNG 21 **Lies dir den Auszug aus Goethes „Faust" aufmerksam durch. Beantworte dann die Fragen in Übung 22 und gib dabei die Zeilen an, auf die du dich beziehst. Schreibe in dein Übungsheft.**

Faust:
„Habe nun, ach! Philosophie,
Juristerei und Medizin,
Und leider auch Theologie
Durchaus studiert, mit heißem Bemühn. [...]
Heiße Magister, heiße Doktor gar,
Und ziehe schon an die zehen Jahr'
Herauf, herab und quer und krumm
Meine Schüler an der Nase herum –
Und sehe, dass wir nichts wissen können!
Das will mir schier das Herz verbrennen.
Zwar bin ich gescheiter als alle die Laffen,
Doktoren, Magister, Schreiber und Pfaffen,
Mich plagen keine Skrupel noch Zweifel,
Fürchte mich weder vor Hölle noch Teufel –
Dafür ist mir auch alle Freud' entrissen,
Bilde mir nicht ein, was Rechts zu wissen,
Die Menschen zu bessern und zu bekehren. [...]
Auch hab' ich weder Gut noch Geld,
Noch Ehr' und Herrlichkeit der Welt;
Es möchte kein Hund so länger leben!
Drum hab' ich mich der Magie ergeben,
Ob mir durch Geistes Kraft und Mund
Nicht manch Geheimnis würde kund;
Dass ich nicht mehr mit sauerm Schweiß
Zu sagen brauche, was ich nicht weiß;
Dass ich erkenne, was die Welt
Im Innersten zusammenhält,
Schau alle Wirkenskraft und Samen
Und tu nicht mehr in Worten kramen."

ÜBUNG 22 **Charakterisiere Faust, indem du dir Stichworte zu den nachfolgenden Fragen notierst. Verfasse anschließend in deinem Übungsheft auf der Grundlage deiner Notizen eine möglichst umfassende Charakterisierung der Figur des Faust.**

1. Was erfährst du über die Ausbildung des Faust?
2. Wie bewertet Faust die Wissensgebiete, denen er sich gewidmet hat?
3. Welche Tätigkeit übt Faust im Moment aus? Wie lange macht er das bereits?
4. Welche Informationen enthält der Text über die äußeren Merkmale des Faust?
5. Welche Selbsteinschätzung hat Faust?
6. Mit welcher Tätigkeit ist Faust beschäftigt, während er diese Zeilen spricht?
7. Welches Verhalten legt Faust an den Tag?
8. Welche Rückschlüsse auf innere Merkmale des Faust lassen diese Zeilen zu?

WISSEN

Epochen der deutschen Literatur
Literatur kann besser verstanden werden, wenn man Kenntnis von historischen Ereignissen hat, die sich zur Zeit der Entstehung eines Werkes zugetragen haben. Literarische Werke einer bestimmten Zeit haben häufig ähnliche Inhalte und Merkmale (↑ Kap. 4).

- Zu den Anfängen der Literatur zählen Werke der **altgermanischen Dichtung,** z.B. das Hildebrandslied (ca. 800 n. Chr.).
- Die **Dichtung des Mittelalters** (ca. 1050–1350) besteht hauptsächlich aus Liebesgedichten (Minnesang) und Heldenepen.
- Literarische Epochen der Neuzeit sind u. a. die **Renaissance** (ca. 1350–1600), das **Barock** (ca. 1600–1720), die **Aufklärung** (ca. 1680–1800, ↑ Kap. 4.1) und die **Weimarer Klassik** (ca. 1786–1805).
- Prägende Strömungen des 19. Jahrhunderts sind die **Romantik** (ca. 1790–1830), der **Realismus** (ca. 1848–1890) und der **Impressionismus** (ca. 1890–1910).
- Im 20. Jahrhundert folgten der **Expressionismus** (ca. 1910–1920) und später die sogenannte **Literatur nach 1945** (↑ Kap. 4.3).

ÜBUNG 23 **Informiere dich über die Epochen Romantik und Realismus. Was sind die wichtigsten Merkmale dieser Epochen? Übertrage die Tabelle in dein Übungsheft und fülle sie aus.**

	Romantik	Realismus
Zeitraum		
bedeutende Autoren		
wichtige Werke		
zentrale Gedanken		
sprachliche Aspekte		

ÜBEN

Klassenarbeit 1

60 Minuten

AUFGABE 1 **Ordne die Begriffe jeweils dem richtigen Oberbegriff in der Mitte zu, indem du mit Linien verbindest.**

Momentaufnahme

Anapher

Ballade

Kurzgeschichte

Drama

Tragödie

Daktylus

Lyrik

Versmaß

Sonett

Euphemismus

Rhetorisches Mittel

Alltagssituation

Komödie

Trochäus

AUFGABE 2 **Definiere: Was ist episches Theater? Und wie unterscheidet es sich vom klassischen Theater?**

AUFGABE 3 **Epik, Lyrik oder Dramatik? Ordne die folgenden Textzeilen der richtigen literarischen Gattung zu.**

1. Hat der alte Hexenmeister sich doch einmal wegbegeben, und nun sollen seine Geister auch nach meinem Willen leben ... →
2. An den Ufern der Havel lebte, um die Mitte des sechzehnten Jahrhunderts, ein Rosshändler ... →
3. *Tell:* „Wer ist der Mann, der hier um Hilfe fleht ...?“ →
4. Im März dieses Jahres hatte ich vor der Andreas-Dahinden-Gesellschaft in Chur über die Kunst, Kriminalromane zu schreiben, einen Vortrag zu halten. →
5. *Peachum zum Publikum:* „Es muss etwas Neues geschehen. Mein Geschäft ist zu schwierig.“ →
6. Aufgestanden ist er, welcher lange schlief, aufgestanden unten aus Gewölben tief ... →

AUFGABE 4 **Charakterisiere die folgende literarische Figur namens Hedwig Hedrich.**

TESTEN

Klassenarbeit 2

60 Minuten

AUFGABE 5 **Analysiere die folgende Rede, indem du einleitend den Inhalt der Rede, die Redesituation sowie die Intention (Absicht) des Redners knapp zusammenfasst. Lege anschließend dar, wie die Rede gegliedert ist und mit welchen rhetorischen Mitteln der Redner seine Intentionen sprachlich unterstützt. Schreibe in dein Übungsheft.**

Rede von Pfarrer Stadelmann aus dem Jahr 1914 zur Verabschiedung des III. Bataillons des Infanterieregiments Nr. 121:

Behüt dich Gott, drittes Bataillon, Regiment Alt-Württemberg! Wir haben euch gerne gehabt, und mit bitterer Wehmut lassen wir euch hinausziehen in den Kampf. Aber wir wollen nicht weich werden in dieser Stunde, wir brauchen die letzte körperliche und geistige Kraft, um obzusiegen. Zu treu, zu tüchtig, zu groß sind wir unsern Nachbarn geworden. […] Mit den ruchlosesten Mitteln, unerhört in der Weltgeschichte, wollen sie uns vernichten.

Es war schon einmal – vor anderthalb Jahrhunderten. Da rang das kleine Preußen um Ansehen und Geltung neben den andern; sie wollten es nicht haben, die andern. Die furchtbare Übermacht schien den Staat Friedrichs zu zerbrechen. In der höchsten Not zeigte sich seine volle Größe. Er verzagte nicht – und gewann.

[…] Keiner in unserm deutschen Volk hat geglaubt, dass in Nord und Süd, in Ost und West das deutsche Volk aufstehe wie ein Mann, eins im Vertrauen zu Kaiser und Regierung, eins in dem trutziglichen Entschluss, alles einzusetzen, eins im Bewusstsein, dass wir zusammengehören als Kinder einer Heimat, eins auch – wer hätte es geglaubt? – in der Demut vor Gott und im Vertrauen auf seine Hilfe. […]

Der Herr ist mit euch, und sein Auge ruht auf einem jeglichen Mann. Tapfer macht dieser Glaube und treu. Ihr dürft in vorderster Front fechten, als hohe Ehre und heilige Pflicht empfindet es jeder. […] Gott hört den Eidschwur, er segne euch, dass ihr ihn haltet in schweren Stunden.

Und wir, die wir daheim bleiben dürfen – nein, nein, nicht dürfen, sondern müssen, müssen – so fühlen es Tausende –, wir stehen hinter euch, sorgend, betend. Ihr bleibt die Unsrigen, uns verbunden im Herzen durch Dank und Vertrauen, durch Fürsorge und Gebet. […]

In der starken Zuversicht auf Gottes Hilfe gehen wir in diesen Kampf; […] ehrlich, tapfer, unerschüttert; wir wollen ihn auch führen als Christen, treu dem Kameraden, menschlich dem Feind. Nun Gott befohlen! Drittes Bataillon, Offizier und Mann. Das Vaterland ist in höchster Not, da stehen wir Mann an Mann.

Klassenarbeit 3

60 Minuten

AUFGABE 6 **Das Gedicht „Die Stadt“ von Alfred Lichtenstein erschien erstmals 1913 in der Zeitschrift „Die Aktion“. Analysiere Form und Inhalt des Gedichts in deinem Übungsheft.**

Die Stadt
Ein weißer Vogel ist der große Himmel.
Hart unter ihn geduckt stiert eine Stadt.
Die Häuser sind halbtote alte Leute.

Griesgrämig glotzt ein dünner Droschkenschimmel.
Und Winde, magre Hunde, rennen matt.
An scharfen Ecken quietschen ihre Häute.

In einer Straße stöhnt ein Irrer: Du, ach, du –
Wenn ich dich endlich, o Geliebte, fände ...
Ein Haufen um ihn staunt und grinst voll Spott.

Drei kleine Menschen spielen Blindekuh –
Auf alles legt die grauen Puderhände
Der Nachmittag, ein sanft verweinter Gott.

AUFGABE 7 **Vergleiche Alfred Lichtensteins Gedicht mit dem motivgleichen Gedicht „Der Gott der Stadt“ von Georg Heym auf Seite 53. Notiere stichpunktartig, welche Gemeinsamkeiten und welche Unterschiede du feststellen kannst.**

Gemeinsamkeiten:

Unterschiede:

TESTEN

4 Literaturepochen

4.1 Aufklärung

Die Literatur der **Aufklärung** reichte in Deutschland von etwa 1680 bis 1800.
Die Autoren orientierten sich
- am Ideal der **Humanität** und der **Toleranz** sowie
- an der Idee der **Vernunftreligion.**

Die wichtigsten Autoren der Aufklärung:
Johann Christoph **Gottsched** (1700–1766)
Gotthold Ephraim **Lessing** (1729–1781)
Christian Fürchtegott **Gellert** (1715–1769)
Immanuel **Kant** (1724–1804)

Die Autoren forderten von ihrem Publikum, **selbstständig zu denken** und nach **Welt- und Selbsterkenntnis** zu streben.
Kant formulierte den Wahlspruch der Aufklärung: **„Sapere aude!"** – „Habe Mut, dich deines eigenen Verstandes zu bedienen!".
Durch diese Geisteshaltung unterscheidet sich ihm zufolge der **aufgeklärte Mensch** vom **unmündigen Menschen.**

Kant über den unmündigen Menschen:
„Habe ich ein Buch, das für mich Verstand hat, einen Seelsorger, der für mich Gewissen hat, einen Arzt, der für mich die Diät beurteilt, [...] brauche ich mich ja selbst nicht zu bemühen."

Die Vertreter der Aufklärung erhoben den Anspruch, den Menschen zu **bilden.** Dabei griffen sie vor allem auf die Fabel und das Drama zurück, um ihre Leser bzw. ihr Publikum auf unterhaltsame Art und Weise zu **belehren** und zu **erziehen.**

Gottsched postuliert in „Versuch einer critischen Dichtkunst vor die Deutschen" (1739), die Dichtung habe nicht nur zu erfreuen, sondern auch zu nützen, sie habe zu einem guten Geschmack zu erziehen und eine gute Gesinnung zu vermitteln.

Die **Fabel** (lat. fabula = Rede, Erzählung) eignete sich besonders, weil sie in ihrer klassischen Form aus einer kurzen **Erzählung** (meist eine Tiergeschichte) und einem sich daran anschließenden **Kommentar** besteht, mit dem die eigentliche Moral zum Ausdruck gebracht werden konnte.

„Ein verfolgter Fuchs rettete sich auf eine Mauer. Um auf der andern Seite gut herabzukommen, ergriff er einen nahen Dornstrauch. Er ließ sich auch glücklich daran nieder, nur dass ihn die Dornen schmerzlich verwundeten. ‚Elende Helfer', rief der Fuchs, ‚die nicht helfen können, ohne zugleich zu schaden!'"
(Gotthold Ephraim Lessing: „Der Fuchs")

Das **Drama** wählten sie, weil es in typisierter Form und anhand typisierter Situationen **tragische Konflikte** zeigt, aus denen der Zuschauer Lehren ziehen konnte. Somit begriffen sie das Theater als eine **„Schule der Welt"** (Lessing).

In „Nathan der Weise" beschreibt Lessing sein Humanitätsideal und die Utopie einer toleranten Ordnung. Im Mittelpunkt steht die Ringparabel, in der sich in der Grundkonstellation der Familie der Grundkonflikt der drei großen Weltreligionen spiegelt.

ÜBUNG 1 **Formuliere mit eigenen Worten die Hauptanliegen (Intentionen) der Autoren der Aufklärung. Schreibe in dein Übungsheft.**

ÜBUNG 2 **Vergleiche die Aussagen Wielands im nachfolgenden Textauszug mit denjenigen Kants auf Seite 69. Welche Gemeinsamkeiten kannst du feststellen? Schreibe in dein Übungsheft.**

Sechs Fragen zur Aufklärung
Was ist Aufklärung? [...] Antwort: Das weiß jedermann, der vermittelst eines Paars sehender Augen erkennen gelernt hat, worin der Unterschied zwischen Hell und Dunkel, Licht und Finsternis besteht. Im Dunkeln sieht man entweder gar nichts oder wenigstens nicht so klar, dass man die Gegenstände recht erkennen und voneinander unterscheiden kann: sobald Licht gebracht wird, klären sich die Sachen auf, werden sichtbar und können voneinander unterschieden werden – doch wird dazu zweierlei notwendig erfordert: 1) dass Licht genug vorhanden sei und 2) dass diejenigen, welche dabei sehen sollen, weder blind noch gelbsüchtig seien, noch durch irgendeine andere Ursache verhindert werden, sehen zu können oder sehen zu wollen.

WISSEN

Christoph Martin Wieland
Wieland (1733–1813) gilt als einer der wichtigsten Autoren der Aufklärung und ist vor allem als Romanschriftsteller und Herausgeber der Literaturzeitschrift „Der Teutsche Merkur“ bekannt. Er verstand es, die Ideen der Aufklärung auf ironische Weise zu verdeutlichen.

ÜBUNG 3 **Eine besonders wichtige Rolle zur Zeit der Aufklärung spielten die Fabel und das Drama. Lege in deinem Übungsheft dar, warum die Dichter dieser Zeit bevorzugt gerade auf diese beiden Textgattungen zurückgriffen.**

ÜBUNG 4 **Ordne den nachfolgend genannten Fabeltieren die mit ihnen verbundenen menschlichen Eigenschaften zu, indem du sie mit Linien verbindest.**

Lamm | Fuchs | Rabe | Maus | Pferd | Löwe | Schlange

List | Einfältigkeit | Stolz | Hinterhältigkeit

Witz | Eitelkeit | Macht

ÜBEN

ÜBUNG 5 **Bearbeite die folgende Fabel von Christian Fürchtegott Gellert, indem du mit eigenen Worten zunächst den Inhalt der Tiererzählung und anschließend den Inhalt der Moral der Fabel wiedergibst. Schreibe in dein Übungsheft.**

Das Pferd und die Bremse
Ein Gaul, der Schmuck von weißen Pferden,
Von Schenkeln leicht, schön von Gestalt,
Und, wie ein Mensch, stolz in Gebärden,
Trug seinen Herrn durch einen Wald;
Als mitten in dem stolzen Gange
Ihm eine Brems entgegenzog,
Und durstig auf die nasse Stange
An seinem blanken Zaume flog.
Sie leckte von dem weißen Schaume,
Der heficht am Gebisse floss. (heficht: *nach Hefe schmeckend*)
„Geschmeiße!", sprach das wilde Ross,
„Du scheust dich nicht vor meinem Zaume?
Wo bleibt die Ehrfurcht gegen mich?
Wie? Darfst du wohl ein Pferd erbittern?
Ich schüttle nur: so musst du zittern."
Es schüttelte; die Bremse wich.
Allein sie suchte sich zu rächen;
Sie flog ihm nach, um ihn zu stechen,
Und stach den Schimmel in das Maul.
Das Pferd erschrak, und blieb vor Schrecken
In Wurzeln mit dem Eisen stecken.
Und brach ein Bein; hier lag der stolze Gaul.

Auf sich den Hass der Niedern laden,
Dies stürzet oft den größten Mann.
Wer dir, als Freund, nicht nützen kann,
Kann allemal, als Feind, dir schaden.

ÜBUNG 6 **Lies Gottscheds nachfolgende Aussage. Entspricht Gellerts Fabel aus Übung 5 diesem Anspruch? Begründe deine Antwort in deinem Übungsheft.**

Die ganze Fabel hat nur eine Hauptabsicht: nämlich einen moralischen Satz; also muss sie auch nur eine Haupthandlung haben, um derentwegen alles Übrige vorangehet.

4.2 Sturm und Drang

Die Epoche des **Sturm und Drang** umfasste etwa die Jahre 1770 bis 1789 und ist nach dem gleichnamigen Schauspiel aus dem Jahre 1776, verfasst von Friedrich Maximilian Klinger, benannt. Sie wird auch als Geniezeit oder -periode bezeichnet.

Wichtige Autoren des Sturm und Drang:
Friedrich Gottlieb **Klopstock** (1724–1803)
Johann Wolfgang v. **Goethe** (1749–1832)
Friedrich **Schiller** (1759–1805)
Jakob Michael Reinhold **Lenz** (1751–1792)

Der Sturm und Drang war eine **Protest- und Jugendbewegung**, die sich
- gegen den als einseitig empfundenen **Rationalismus** der Aufklärung sowie
- gegen die **sozialen Konventionen**, die als einengend empfunden wurden, richtete.

Die Dichter einte die Grundüberzeugung, dass der Sinn des Lebens in der **freien** und **unverfälschten Entfaltung** der Natürlichkeit des Menschen liegt. Sie lehnten sich gegen die Enge des bürgerlichen Lebens auf und forderten eine Hinwendung zur Natur, um **Herz und Gefühl** unverstellt und frei von gesellschaftlichen Zwängen zum Ausdruck zu bringen.

Der Kampf des Individuums gegen die Gesellschaft:
In Friedrich Schillers Dramen „Die Räuber" (1781) und „Kabale und Liebe" (1784) ist das beherrschende Motiv der Konflikt zwischen dem Bürgertum und dem Adel.

Die sozialkritische Dimension:
Das Drama „Der Hofmeister" (1774) von Jakob Michael Lenz schildert das Schicksal des Hofmeisters Läuffer, der sich selbst durch Kastration straft, da er die Tochter des Majors von Berg, der ihn als Hauslehrer angestellt hat, geschwängert hat.

Im Mittelpunkt der **Lyrik** stand die Betonung der **Subjektivität** des Dichters und der Dichtung, die meist um Begriffe wie Herz, Genie, Empfindung und Natur kreiste. Die lyrische Sprache diente dabei v. a. dem Ausdruck des fühlenden Ichs, was zur Herausbildung des sogenannten **Geniekultes** und der **Erlebnislyrik** führte.

Die Dichter sahen sich nicht mehr ausschließlich an die traditionellen Regeln der Dichtkunst (Regelpoetik) gebunden, sondern schufen eigene Ausdrucksformen in sogenannten **freien Rhythmen** (reimlose, metrisch ungebundene Verse mit beliebiger Silbenanzahl und unterschiedlich vielen Hebungen und Senkungen).
Der Sprachgebrauch ist durch einen unruhig vorwärts drängenden Rhythmus, die Verwendung von Ellipsen und Superlativen sowie einen emphatischen bzw. hymnisch-feierlichen Sprachgestus geprägt.

Wie im Morgenglanze
du rings mich anglühst,
Frühling, Geliebter!
Mit tausendfacher Liebeswonne
sich an mein Herz drängt
deiner ewigen Wärme
heilig Gefühl,
unendliche Schöne!

Dass ich dich fassen möcht'
in diesen Arm!
Ich komm'! Ich komme!
Wohin? Ach, wohin?
Hinauf! Hinauf strebt's.
Es schweben die Wolken
abwärts, die Wolken
neigen sich der sehnenden Liebe.
[...]
(aus Goethe: „Ganymed")

WISSEN

ÜBUNG 7 **Lies die nachfolgenden Zitate des französischen Philosophen Jean-Jacques Rousseau (1712–1778). Welche Grundgedanken des Sturm und Drang kannst du in diesen Zitaten erkennen? Ergänze die unten stehenden Stichworte.**

Gesellschaftsvertrag
Der Mensch ist frei geboren, und überall liegt er in Ketten. Einer hält sich für den Herrn der anderen und bleibt doch mehr Sklave als sie.

Emile oder über die Erziehung
Alles ist gut, wie es aus den Händen des Schöpfers kommt; alles entartet unter den Händen des Menschen. Der Mensch zwingt ein Land, die Erzeugnisse eines anderen hervorzubringen, einen Baum, die Früchte eines anderen zu tragen. Er vermengt und vertauscht das Wetter, die Elemente und die Jahreszeiten. Er verstümmelt seinen Hund, sein Pferd ... Alles dreht er um, alles entstellt er. [...] Nichts will er haben, wie es die Natur gemacht hat, selbst den Menschen nicht.

Rousseaus Menschenbild:

Rousseaus Zivilisationskritik:

Rousseaus Naturverständnis:

WISSEN

Die Leiden des jungen Werthers
Goethes Briefroman „Die Leiden des jungen Werthers" aus dem Jahre 1774 war einer der größten Bucherfolge seiner Zeit. Goethe verhalf damit dem Lebensgefühl einer ganzen Generation zu einem literarischen Ausdruck. Er erzählt von dem jungen Werther, der sich in Lotte verliebt, die jedoch mit dem arbeitsamen und pflichtbewussten Albert verlobt ist. Als Werther erkennt, dass Lotte für ihn unerreichbar ist, erschießt er sich einen Tag vor Weihnachten nach einem letzten Besuch bei Lotte.

ÜBUNG 8 **Welche typischen Motive der Dichtung des Sturm und Drang kannst du im folgenden Textauszug aus Goethes Briefroman „Die Leiden des jungen Werthers“ erkennen? Notiere am Rand passende Stichworte aus dem Wortspeicher.**

Leben im Hier und Jetzt - Lobpreis der Natur - Zivilisationskritik - emphatischer Sprachgebrauch - Sehnsucht nach dem einfachen Leben - Flucht aus der Enge des bürgerlichen Lebens

Brief vom 4. Mai 1771

Wie froh bin ich, dass ich weg bin! Bester Freund, was ist das Herz des Menschen! [...] ich will das Gegenwärtige genießen, und das Vergangene soll mir vergangen sein. Gewiss, du hast recht, Bester, der Schmerzen wären minder unter den Menschen, wenn sie nicht – Gott weiß, warum sie so gemacht sind! – mit so viel Emsigkeit der Einbildungskraft sich beschäftigten, die Erinnerungen des vergangenen Übels zurückzurufen [...].

Übrigens befinde ich mich hier gar wohl. Die Einsamkeit ist meinem Herzen köstlicher Balsam in dieser paradiesischen Gegend, und diese Jahreszeit der Jugend wärmt mit aller Fülle mein oft schauderndes Herz. Jeder Baum, jede Hecke ist ein Strauß von Blüten, und man möchte zum Maienkäfer werden, um in dem Meer von Wohlgerüchen herumschweben und alle seine Nahrung darin finden zu können.

Die Stadt selbst ist unangenehm, dagegen rings umher eine unaussprechliche Schönheit der Natur. [...] Der Garten ist einfach, und man fühlt gleich bei dem Eintritte, dass nicht ein wissenschaftlicher Gärtner, sondern ein fühlendes Herz den Plan gezeichnet, das seiner selbst hier genießen wollte.

ÜBUNG 9 **Fasse nun in deinem Übungsheft in eigenen Worten zusammen, durch welche typischen Merkmale des Sturm und Drang der Text aus Übung 8 geprägt ist.**

WISSEN

Friedrich Gottlieb Klopstock
Klopstock (1724–1803) gilt als Begründer der Erlebnisdichtung. Er wandte sich gegen eine strenge Verwendung des Reims und gilt als Wegbereiter der sogenannten freien Rhythmen.

ÜBEN

ÜBUNG 10 Fasse Strophe für Strophe den Inhalt des nachfolgenden Gedichts „Das Rosenband“ von Friedrich Gottlieb Klopstock zusammen.

Das Rosenband

Im Frühlingsschatten fand ich Sie;
Da band ich Sie mit Rosenbändern:
Sie fühlt' es nicht, und schlummerte.

Ich sah Sie an; mein Leben hing
Mit diesem Blick' an Ihrem Leben:
Ich fühlt' es wohl, und wusst' es nicht.

Doch lispelt' ich Ihr sprachlos zu,
Und rauschte mit den Rosenbändern:
Da wachte Sie vom Schlummer auf.

Sie sah mich an; Ihr Leben hing
Mit diesem Blick' an meinem Leben,
Und um uns ward's Elysium.

ÜBUNG 11 Versuche, die Bedeutung der beiden Personalpronomen „es“ im dritten Vers der zweiten Strophe sowie die Sprachlosigkeit des lyrischen Ichs im ersten Vers der dritten Strophe zu erklären. Schreibe in dein Übungsheft.

ÜBUNG 12 Bestimme das Metrum des Gedichts.

ÜBUNG 13 Elysium ist in der antiken Mythologie der Ort, an den diejenigen Helden entrückt worden sind, die von den Göttern geliebt wurden. Es handelt sich dabei um rosengeschmückte Wiesen, auf denen ewiger Frühling herrscht. Erkläre in deinem Übungsheft die Bedeutung dieses Ortes für das Verständnis des Gedichts.

ÜBUNG 14 Das Gedicht enthält keine Reime. Welche Wirkung vermittelt dies? Schreibe in dein Übungsheft.

4.3 Literatur nach 1945

Die **Literatur der Nachkriegsjahre** ist geprägt durch die Erfahrung des Zweiten Weltkrieges. Die Autoren beschrieben die **Sinnlosigkeit des Krieges** und das Leben in den Trümmerlandschaften („Trümmerliteratur") sowie die materielle und seelische **Not der Kriegsheimkehrer.**

Kurzgeschichten:
Heinrich **Böll** (1917–1985): „Der Zug war pünktlich" (1949) – „Wanderer kommst du nach Spa" (1950)
Hörspiel / Drama:
Wolfgang **Borchert** (1921–1947): „Draußen vor der Tür" (1947)

Mit Beginn der Fünfzigerjahre trat in der **Epik** neben das Motiv der **Vergangenheitsbewältigung** das Motiv der Gegenwartsbeschreibung und die **Gegenwartskritik.** Die Autoren warnten vor Anpassungsverhalten und Mitläufertum und verstanden ihre **Literatur** als Mittel der **Kritik** und zur **moralischen Selbstbesinnung.** Die literarische **Auseinandersetzung mit dem Nationalsozialismus** bleibt dabei bis heute ein wichtiges Thema der Gegenwartsliteratur.

Viele der Autoren waren Mitglied der auch politisch engagierten Gruppe 47:
Günter **Grass** (geb. 1927) – Ingeborg **Bachmann** (1926–1973) – Heinrich Böll – Jurek **Becker** (1937–1997).
Grass z. B. greift in seiner Novelle „Im Krebsgang" (2002) eine Nebenhandlung seines Romans „Die Blechtrommel" (1959) auf, indem er einen Bogen vom Untergang der Flüchtlinge an Bord der „Wilhelm Gustloff" bis hin zu den fremdenfeindlichen Anschlägen der Neunzigerjahre spannt.

Die Entwicklung des **Dramas** ist zunächst ebenfalls durch die Erfahrung des Zweiten Weltkrieges und die Folgen der NS-Diktatur geprägt.
In der Folgezeit führte die Erfahrung des Kalten Krieges und des atomaren Wettrüstens zu einem Katastrophenbewusstsein und zu einer Kritik an der fortschreitenden Technisierung der Welt.

In dem Drama „Andorra" (1961) zeigt Max **Frisch** (1911–1991) die Stigmatisierung von Menschen aus ethnischen und ideologischen Gründen.
Friedrich **Dürrenmatt** (1921–1990) stellt in der Tragikomödie „Die Physiker" (1962) die Frage, welche Handlungsmöglichkeiten dem Menschen inmitten einer scheinbar absurd gewordenen Welt noch verbleiben.

Die Entwicklung der **Lyrik** ist in den ersten zwanzig Jahren nach dem Zweiten Weltkrieg durch zwei Tendenzen geprägt:

- Kennzeichnend für die **hermetische** Lyrik ist, dass die Autoren, die oftmals selbst Opfer waren, ihr Leid und ihre Ohnmacht in einer oft verschlossen wirkenden Sprache in Worte zu fassen versuchten.
- Andere Autoren begriffen ihre Lyrik **politisch,** setzten sich mit den gesellschaftlichen Problemen der Zeit offensiv auseinander und machten sich vielfach auch zu den Fürsprechern der hermetischen Autoren.

Dichter der hermetischen Lyrik:
Paul **Celan** (1920–1970)
Nelly **Sachs** (1891–1979)
Rose **Ausländer** (1901–1988)
Ingeborg Bachmann

Dichter der politischen Lyrik:
Hans Magnus **Enzensberger** (geb. 1929)
Erich **Fried** (1921–1988)

ÜBUNG 15 **Die beiden folgenden Gedichte von Rainer Brambach (1917–1983) und Erich Fried (1921–1988) nehmen auf unterschiedliche Art und Weise Bezug auf die Sinnlosigkeit des Zweiten Weltkriegs. Ordne die Aussagen darunter den Gedichten zu, indem du entsprechend ankreuzt.**

Paul (Rainer Brambach)

Neunzehnhundertsiebzehn
an einem Tag unter Null geboren,

rannte er wild über den Kinderspielplatz,
fiel, und rannte weiter,

den Ball werfend über den Schulhof,
fiel, und rannte weiter,

das Gewehr im Arm über das
  Übungsgelände,
fiel, und rannte weiter,

an einem Tag unter Null
in ein russisches Sperrfeuer ...

... und fiel.

(aus: Rainer Brambach, Gesammelte Gedichte
© 2003 Diogenes Verlag AG Zürich)

Totschlagen (Erich Fried)

Erst die Zeit
dann eine Fliege
vielleicht eine Maus
dann möglichst viele Menschen
dann wieder die Zeit

(aus: Erich Fried, Warngedichte
© 1979 Carl Hanser Verlag München)

Das Gedicht	**Paul**	**Totschlagen**
... zeigt das Schicksal vieler Soldaten an einem individuellen Beispiel auf.	☐	☐
... kritisiert die Gedankenlosigkeit vieler Menschen.	☐	☐
... appelliert an das moralische Bewusstsein der Menschen.	☐	☐
... verdeutlicht den Schrecken des Krieges.	☐	☐
... verdeutlicht die Bedeutung des Erinnerns an die Vergangenheit für die Gegenwart.	☐	☐
... zeigt die Sinnlosigkeit des Tötens auf.	☐	☐

ÜBUNG 16 **Die Gedichte aus Übung 15 enthalten beide doppeldeutige Verben, welche? Worin besteht jeweils diese Doppeldeutigkeit? Schreibe in dein Übungsheft.**

ÜBUNG 17 **Erkläre nun, auf welche Art und Weise sich die Autoren die Doppeldeutigkeit der verwendeten Verben zunutze machen, indem du den Lückentext ausfüllst.**

Rainer Brambach benutzt das Verb „ ______ “ zunächst in seiner ______ Bedeutung, dann in der übertragenen Bedeutung. Er bringt damit zum Ausdruck, dass ______ .

Erich Fried dagegen verwendet das Verb „ ______ “ zunächst in seiner ______ , dann aber in seiner ______ Bedeutung. Er verdeutlicht damit, dass ______ .

WISSEN

Bernhard Schlink: „Der Vorleser“ (1995)
In dem Roman berichtet der Ich-Erzähler Michael Berg von einer Liebesbeziehung, die er als Jugendlicher im Nachkriegsdeutschland mit der damals 36-jährigen Hanna Schmitz einging. Nach einer abrupten Trennung sieht er sie während seines Jurastudiums als Angeklagte in einem Prozess zu NS-Verbrechen wieder. Ihr wird vorgeworfen, als KZ-Aufseherin für den Tod vieler Insassinnen mitverantwortlich zu sein. Michael versucht, sein Leben neu zu ordnen, doch es gelingt ihm nicht, sich von Hanna zu lösen.

ÜBUNG 18 **Verdeutliche die Grundaussage des nachfolgenden Zitats aus Bernhard Schlinks Roman „Der Vorleser“. Nimm dabei auch Bezug auf das Gedicht von Erich Fried. Schreibe in dein Übungsheft.**

Zuerst wollte ich unsere Geschichte schreiben, um sie loszuwerden. Aber zu diesem Zweck haben sich die Erinnerungen nicht eingestellt. Dann merkte ich, wie unsere Geschichte mir entglitt, und wollte sie durchs Schreiben zurückholen, aber auch das hat die Erinnerung nicht hervorgelockt. Seit einigen Jahren lasse ich unsere Geschichte in Ruhe. Ich habe meinen Frieden mit ihr gemacht. Und sie ist zurückgekommen. Detail um Detail und in einer Weise rund, geschlossen und gerichtet, daß sie mich nicht mehr traurig macht. [...] Die Schichten unseres Lebens ruhen so dicht aufeinander auf, daß uns im Späteren immer Früheres begegnet, nicht als Abgetanes und Erledigtes, sondern gegenwärtig und lebendig. [...] Vielleicht habe ich unsere Geschichte doch geschrieben, weil ich sie loswerden will, auch wenn ich es nicht kann.

(aus: Bernhard Schlink, Der Vorleser © 1995 Diogenes Verlag AG Zürich)

ÜBEN

Klassenarbeit 1

90 Minuten

AUFGABE 1 **Beschreibe Form und Inhalt des Gedichts „Chor der Geretteten" (Fortsetzung auf S. 80) von Nelly Sachs aus dem Jahr 1946. Beziehe auch die Informationen zur Biografie der Dichterin in deine Überlegungen mit ein. Schreibe ins Übungsheft.**

Nelly Sachs wurde 1891 in Berlin geboren. Aufgrund ihrer jüdischen Herkunft verfolgt emigrierte sie 1940 nach Schweden. Seit ihrer frühen Jugend litt sie unter Angstzuständen, die nach dem Krieg, verstärkt durch das Trauma der Verfolgung und Vernichtung der Juden, phasenweise Aufenthalte in psychiatrischen Kliniken notwendig machten. 1966 erhielt Nelly Sachs den Nobelpreis für Literatur. Sie starb 1970 in Stockholm.

Chor der Geretteten

Wir Geretteten,
Aus deren hohlem Gebein der Tod schon seine Flöten schnitt,
An deren Sehnen der Tod schon seine Bogen strich –
Unsere Leiber klagen noch nach
Mit ihrer verstümmelten Musik.
Wir Geretteten,
Immer noch hängen die Schlingen für unsere Hälse gedreht
Vor uns in der blauen Luft –
Immer noch füllen sich die Stundenuhren mit unserem tropfenden Blut.

Wir Geretteten,
Immer noch essen an uns die Würmer der Angst.
Unser Gestirn ist vergraben im Staub.
Wir Geretteten
Bitten euch:
Zeigt uns langsam eure Sonne.
Führt uns von Stern zu Stern im Schritt.
Lasst uns das Leben leise wieder lernen.
Es könnte sonst eines Vogels Lied,
Das Füllen des Eimers am Brunnen
Unseren schlecht versiegelten Schmerz aufbrechen lassen
Und uns wegschäumen –
Wir bitten euch:
Zeigt uns noch nicht einen beißenden Hund –
Es könnte sein, es könnte sein

Dass wir zu Staub zerfallen –
Vor euren Augen zerfallen in Staub.
Was hält denn unsere Webe zusammen?
Wir odemlos gewordene,
Deren Seele zu Ihm floh aus der Mitternacht
Lange bevor man unseren Leib rettete
In die Arche des Augenblicks.
Wir Geretteten,
Wir drücken eure Hand,
Wir erkennen euer Auge –
Aber zusammen hält uns nur noch der Abschied,
Der Abschied im Staub
Hält uns mit euch zusammen.

(aus: Nelly Sachs, Fahrt ins Staublose © Suhrkamp Verlag Frankfurt am Main 1961)

AUFGABE 2 **Erörtere die Frage, inwiefern das folgende Gedicht von Dagmar Nick aus dem Jahr 1948 eine Antwort auf das Gedicht von Nelly Sachs in Aufgabe 1 darstellen könnte. Schreibe in dein Übungsheft.**

Den Duldenden
Ich will die Leiden aller derer sagen,
die ohne Stimme sind.
Ich will nicht klagen.
Ich will nur jenen Schmerz in Worte schlagen,
der machtlos starr an eurem Mund gerinnt.

Euch Preisgegebene will mein Lied begleiten,
bis mir der Atem brennt
von Traurigkeiten.
Jagt eure Bögen über meine Saiten
und spielt mich: ich bin euer Instrument.

(aus: Dagmar Nick, In den Ellipsen des Mondes © Rimband Verlag 1994)

TESTEN

Klassenarbeit 2

90 Minuten

AUFGABE 3 **Durch welche drei allgemeinen Merkmale ist eine Fabel gekennzeichnet?**

AUFGABE 4 **Welche besonderen Absichten verfolgten die Fabeldichter der Aufklärung?**

AUFGABE 5 **Analysiere Gotthold Ephraim Lessings Fabel „Jupiter und das Schaf" (Fortsetzung auf S. 82) in deinem Übungsheft.**

Jupiter und das Schaf

Ein Schafweibchen lebte in einer spärlich bewachsenen Gebirgsgegend. Es musste viel von anderen Tieren erleiden und war ständig auf der Flucht vor Feinden. Ein Adler kreiste oft über diesem Gebiet, und das Schafweibchen war gezwungen, immer wieder ihr kleines Schäfchen zu verstecken. Auch musste es achtgeben, dass der Wolf es nicht entdeckte, denn dieser strolchte auf dem dichtbebuschten Nachbarhügel herum. Außerdem war es wirklich ein Wunder, dass der Bär aus der waldigen Schlucht unter ihm es und sein Kind mit seinen riesigen Pranken noch nicht erwischt hatte.

An einem Sonntag beschloss das Schaf, zum Himmelsgott zu wandern und ihn um Hilfe zu bitten. Demütig trat es vor Jupiter und schilderte ihm sein Leid. „Ich sehe wohl, mein frommes Geschöpf, dass ich dich allzu schutzlos geschaffen habe", sprach der Gott freundlich, „darum will ich dir auch helfen. Aber du musst selber wählen, was für eine Waffe ich dir zu deiner Verteidigung geben soll. Willst du vielleicht, dass ich dein Gebiss mit scharfen Fang- und Reißzähnen ausrüste und deine Füße mit spitzen Krallen bewaffne?"

Das Schaf schauderte. „O nein, gütiger Vater, ich möchte mit den wilden, mörderischen Raubtieren nichts gemein haben."
„Soll ich deinen Mund mit Giftwerkzeugen wappnen?" Das Schaf wich bei dieser Vorstellung einen Schritt zurück. „Bitte nicht, gnädiger Herrscher, die Giftnattern werden ja überall so sehr gehasst."
„Nun, was willst du dann haben?", fragte Jupiter geduldig. „Ich könnte Hörner auf deine Stirn pflanzen, würde dir das gefallen?"
„Auch das bitte nicht", wehrte das Schaf schüchtern ab, „mit meinem Gehörn könnte ich so streitsüchtig oder gewalttätig werden wie ein Bock."
„Mein liebes Schaf", belehrte Jupiter sein sanftmütiges Geschöpf, „wenn du willst, dass andere dir keinen Schaden zufügen, so musst du gezwungenerweise selber schaden können."
„Muss ich das?", seufzte das Schaf und wurde nachdenklich. Nach einer Weile sagte es: „Gütiger Vater, lass mich doch lieber so sein, wie ich bin. Ich fürchte, dass ich die Waffen nicht nur zur Verteidigung gebrauchen würde, sondern dass mit der Kraft und den Waffen zugleich auch die Lust zum Angriff erwacht."
Jupiter warf einen liebevollen Blick auf das Schaf, und es trabte in das Gebirge zurück. Von dieser Stunde an klagte das Schaf nie mehr über sein Schicksal.

AUFGABE 6 **Vergleiche Lessings Fabel in Aufgabe 5 mit der nachfolgenden Fabel „Der Pressluftbohrer und das Ei" von Franz Hohler aus dem Jahr 1974. Welche Gemeinsamkeiten und Unterschiede kannst du feststellen? Schreibe in dein Übungsheft.**

Der Pressluftbohrer und das Ei
Ein Pressluftbohrer und ein Ei stritten sich einmal, wer von ihnen der stärkere sei.
„Natürlich ich!" renommierte der Pressluftbohrer.
„Ha", krächzte das Ei, „ich bin viel stärker!"
Der Pressluftbohrer zuckte überlegen die Achseln: „Wie du meinst. Ich bohre dich in tausend Stücke."
„Und ich schlage dir den Schädel ein!", quietschte das Ei.
„Ei, du dummes Ding", sagte der Pressluftbohrer und schüttelte den Kopf, „wie soll das zugehen?"
„Wirst schon sehen", prahlte das Ei und warf sich in die Brust.
„Ich brauche nur den kleinen Finger zu rühren", lachte der Pressluftbohrer.
„Ich mache dich mit meinem Dotter zu Brei!", krähte das Ei und trat kampflustig von einem Bein aufs andere.
Da ward es dem Pressluftbohrer zu dumm, und er bohrte, wie er schon zu Beginn betont hatte, das Ei in tausend Stücke.

(aus: Franz Hohler, Wegwerfgeschichten © Zytglogge Verlag Oberhofen, 12. Auflage 2009)

TESTEN

Grammatik und Stil

5.1 Das Wort

Ein **Wort** kann unterschiedliche Formen haben, je nachdem, an welcher Stelle es im Satz steht. Man spricht dabei von der **Flexion** (Veränderung) eines Wortes. Doch nicht alle Wörter sind veränderbar. Bei der Einteilung der Wörter in Wortarten unterscheidet man daher zwischen **flektierbaren** (veränderbaren) und **nicht flektierbaren** (unveränderbaren) Wortarten. Die Flexion wird weiter in **Konjugation** und **Deklination** unterteilt: Verben werden konjugiert, alle anderen flektierbaren Wortarten werden dekliniert.	*Flektierbare Wortarten:* Verben – Substantive – Adjektive – Artikel – Pronomen *Nicht flektierbare Wortarten (Partikeln):* Adverbien – Präpositionen – Konjunktionen – Interjektionen
Die **Konjugation** liefert Informationen zu ■ **Person** und **Numerus** (Anzahl), ■ **Tempus** (Zeit), ■ **Genus Verbi** (Handlungsart: Aktiv oder Passiv) sowie ■ **Modus** (Aussageart: Indikativ oder Konjunktiv) eines Verbs.	wir **sagen** → Numerus = Plural → Tempus = Präsens → Genus Verbi = Aktiv → Modus = Indikativ
Die **Deklination** benennt ■ das **Genus** (das grammatische Geschlecht, nicht das natürliche!), ■ den **Numerus** (Anzahl) sowie ■ den **Kasus** (Fall) eines Wortes.	des **Mädchens** → Genus = sächlich → Numerus = Einzahl → Kasus = Genitiv
Adjektive sowie manche Adverbien können darüber hinaus auch **gesteigert** werden. Es gibt drei Steigerungsstufen: ■ den **Positiv** (Grundstufe), ■ den **Komparativ** (1. Steigerungsstufe), ■ den **Superlativ** (Höchststufe).	*Positiv – Komparativ – Superlativ:* schön – schöner – am schönsten dick – dicker – am dicksten viel – mehr – am meisten
Wörter lassen sich zudem in Ober- und Unterbegriffe untergliedern. **Oberbegriffe** klassifizieren eine Art, **Unterbegriffe** sind Beispiele für diese Art.	*Oberbegriff:* Nahrungsmittel *Unterbegriffe:* Obst – Gemüse – Getreide
Sinnverwandte Wörter bilden ein **Wortfeld.**	denken – überlegen – grübeln – sinnieren

ÜBUNG 1 **Definiere die folgenden grammatischen Begriffe stichwortartig in deinem Übungsheft. Schlage nach, wenn du dir unsicher bist.**

1. Pronomen 2. Adverb 3. Präposition 4. Modalverb

ÜBUNG 2 **Ordne die Wortarten in die richtige Spalte ein.**

Verb – Interjektion – Substantiv – Artikel – Konjunktion – Adverb – Adjektiv – Präposition – Pronomen – Zahlwort

Wortarten

flektierbar

deklinierbar

konjugierbar

nicht flektierbar

deklinierbar	konjugierbar	nicht flektierbar

ÜBUNG 3 **Dekliniere die folgenden Substantive mit dem bestimmten Artikel.**

Singular	**Maskulinum**	**Femininum**	**Neutrum**
Nominativ	der Staat	die Frau	das Bild
Genitiv			
Dativ			
Akkusativ			
Plural			
Nominativ			
Genitiv			
Dativ			
Akkusativ			

ÜBUNG 4 **Bestimme jeweils Person, Numerus, Tempus, Modus und Genus Verbi.**

1. er hat gebissen →
2. sie waren gesehen worden →
3. sie ist gewesen →
4. wir werden fragen →
5. ihr werdet gefragt worden sein →
6. ihr dürftet →

ÜBUNG 5 **Finde den passenden Oberbegriff.**

1. Hammer, Nagel, Feilen →
2. Volkshochschule, Universität, Gymnasium, Kindergarten →
3. Präsens, Präteritum, Perfekt, Plusquamperfekt →
4. Hagel, Schnee, Regen →

ÜBUNG 6 **Bestimme in den folgenden Sätzen zu jedem Wort die Wortart. Schreibe in dein Übungsheft.**

1. Die Mutter hat ihrer jüngsten Tochter ein blaues Trägerkleid gekauft.
2. In der letzten Lateinstunde hat Torsten ungewöhnlich oft geschwiegen.
3. „Huch“, rief sie, als sie die Schlange im Wohnzimmer entdeckte.

WISSEN +

Homonyme und Synonyme

Es gibt Wörter, die gleich klingen, aber unterschiedliche Bedeutung haben. Man nennt sie **Homonyme.** Wichtig ist, dass diese Wörter gleich klingen. Es handelt sich auch dann um Homonyme, wenn die Schreibung unterschiedlich ist.

Ball: *Spielzeug – Tanzveranstaltung*
Birne: *Obst – Glühbirne*

mahlen *(Getreide)* – malen *(Bild)*

Wörter, die annähernd die gleiche Bedeutung haben und somit austauschbar sind, werden **Synonyme** genannt.

hasten – eilen
trödeln – bummeln

5.2 Der Satz

Sätze werden je nach Inhalt in Aussage-, Frage- und Aufforderungssätze unterteilt.	*Aussagesatz:* Dies ist ein Satz**.** *Fragesatz:* Ist dies ein Satz**?** *Aufforderungssatz:* Formuliere einen Satz**!**
Jeder Satz setzt sich aus Wörtern (↑Kap. 5.1) oder Wortgruppen zusammen. Diese Satzbausteine haben jeweils eine bestimmte inhaltliche Funktion. Wörter, die in ihrer Funktion zusammengehören, stellen ein **Satzglied** dar. Welche Wörter oder Wortgruppen ein Satzglied bilden, kannst du mithilfe der **Umstellprobe** oder der **Ersatzprobe** herausfinden. Diejenigen Wörter, die gemeinsam verschoben bzw. ersetzt werden können, bilden ein Satzglied.	*Satzglieder:* Sara / kocht / das Essen. *Umstellprobe:* Das Essen / kocht / Sara. *Ersatzprobe:* Sie (= Sara) / kocht / es (= das Essen).
Ein vollständiger Satz besteht mindestens aus den Satzgliedern **Subjekt** und **Prädikat:** ■ Das **Subjekt** wird mit *wer?* oder *was?* erfragt und benennt den Satzgegenstand. Es steht immer im Nominativ. ■ Das **Prädikat** ist der wichtigste Teil des Satzes. Es drückt aus, was jemand oder etwas ist oder was geschieht.	Sie kocht. → Sie = Subjekt *(Wer?)* → kocht = Prädikat *(Was geschieht?)*
Ein Satz kann durch die folgenden Satzglieder erweitert sein: ■ Ein **Objekt** (Satzergänzung) sagt aus, auf wen oder auf was sich ein Geschehen bezieht. Es gibt Genitiv-, Dativ-, Akkusativ- sowie präpositionale Objekte. *Merke:* Akkusativobjekte stehen mit **transitiven Verben** und werden bei Verwandlung ins Passiv zu Subjekten. **Intransitive Verben** ziehen kein Akkusativobjekt nach sich und können daher kein persönliches Passiv bilden. ■ Eine **adverbiale Bestimmung** liefert zusätzliche Informationen zu einem Sachverhalt oder zu den Umständen des Geschehens (Zeit, Ort, Grund usw.). Sie wird mit *wann?, wie lange?, wo?, wie? weshalb?* usw. erfragt.	*Genitivobjekt:* Sie bedarf **unserer Hilfe.** *(Wessen?)* *Dativobjekt:* Sie hilft **ihrer Mutter.** *(Wem?)* *Akkusativobjekt:* Sie kocht **das Essen.** *(Wen? oder was?)* *Präpositionales Objekt:* Sie wartet **auf das Essen.** *(Worauf?)* *Passiv statt Akkusativobjekt:* Das Essen wird gekocht. (→ kochen = transitives Verb) *Adverbiale Bestimmung:* **Morgen** besuche ich dich. *(Wann?)*

Ein **Attribut** ist eine Beifügung zu einem Substantiv. Dabei ist es kein selbstständiges Satzglied, sondern lediglich ein **Satzgliedteil.** Es kann zu Subjekten, Objekten und adverbialen Bestimmungen hinzutreten, um diese näher zu bezeichnen.

Ein **junger** Sportler / gewann / das **schnelle** Rennen.
→ junger = Attribut zum Subjekt
→ schnelle = Attribut zum Objekt

Für die **Unterscheidung** von adverbialer Bestimmung und Attribut gilt:

- Eine **adverbiale Bestimmung** ist ein Satzglied, das für die Vollständigkeit des Satzes nicht notwendig ist, aber zur Genauigkeit beiträgt.
- Ein **Attribut** ist kein selbstständiges Satzglied und bleibt daher bei der Ersatz- oder Umstellprobe immer mit seinem Bezugswort verbunden.

Marie spielt **in ihrer Freizeit** Theater.
→ Temporaladverbiale *(Wann?)*
Marie spielt **gern** Theater.
→ Modaladverbiale *(Wie?)*
Marie spielt in ihrer **knappen** Freizeit gern **experimentelles** Theater.
→ knappen = Attribut zum Temporaladverbiale
→ experimentelles = Attribut zum Akkusativobjekt

Sätze werden nicht nur nach Inhalt, sondern auch nach ihrer Form in **Hauptsätze** und **Nebensätze** untergliedert.

Das ist ein Hauptsatz.
Der Satz**, der zwischen den Kommas steht,** ist ein Nebensatz.

Betrachtet man Nebensätze hinsichtlich ihrer Funktion, spricht man von **Gliedsätzen.** Ein Gliedsatz trägt den Namen des Satzglieds, dessen Stelle er einnimmt:

- Subjektsatz,
- Objektsatz,
- Adverbialsatz,
- Attributsatz (die wichtigste Form des Attributsatzes ist der Relativsatz).

Subjektsatz:
Wer pünktlich kam, schaffte die Arbeit ohne Probleme.
Objektsatz:
Wer mein Freund ist, dem vertraue ich.
Adverbialsatz (Lokaladverbiale):
Den Winter verbringe ich, **wo es warm ist.**
Attributsatz:
Das Ersatzteil, **das ich suchte,** fand ich im Schuppen.

Von einer **Satzreihe** spricht man, wenn ein Hauptsatz mit einem weiteren Hauptsatz verbunden ist.

Als **Satzgefüge** bezeichnet man die Verbindung von Hauptsatz und Nebensatz. Je nachdem, auf welche Art der Nebensatz mit dem Hauptsatz verknüpft ist, unterscheidet man **Relativ-, Konjunktional-, Interrogativ-, Infinitiv-** und **Partizipialsätze.**

Relativsatz:
Das Geld, **das ich im Sommer verdient habe,** ist längst ausgegeben.
Konjunktionalsatz:
Ich glaube, **dass ich mein Ziel erreiche.**
Interrogativsatz:
Ich wusste nicht, **was ich tun sollte.**
Infinitivsatz:
Die Mannschaft beschließt, **nicht vorschnell aufzugeben.**
Partizipialsatz:
Auf eine Antwort hoffend(,) wartete sie ungeduldig auf einen Anruf.

ÜBUNG 7 **Richtig oder falsch? Kreuze an.**

	richtig	falsch
1. Alle Verben mit Akkusativobjekt sind transitiv, d.h. sie können ein Passiv bilden.	☐	☐
2. Dativobjekte bezeichnen vorwiegend Dinge oder Gegenstände.	☐	☐
3. In einem Satz mit mehreren Objekten ist das Akkusativobjekt überflüssig.	☐	☐
4. Adverbiale Bestimmungen können sich entweder nur auf das Verb oder auf den gesamten Satz beziehen.	☐	☐
5. Temporaladverbialien geben Auskunft über den Ort, die Richtung, die Herkunft oder die räumliche Ausdehnung eines Geschehens oder Sachverhalts.	☐	☐
6. Attribute erläutern besondere Merkmale einer Person oder Sache. Sie sind also Beifügungen zu Substantiven.	☐	☐

ÜBUNG 8 **Bestimme die Satzglieder und Satzgliedteile, indem du die entsprechende Abkürzung darunterschreibst: S = Subjekt, P = Prädikat, GO = Genitivobjekt, DO = Dativobjekt, AO = Akkusativobjekt, AB = adverbiale Bestimmung, ATT = Attribut.**

1. Wir gedenken unserer Verstorbenen.

2. Die Mannschaft trainiert in der Halle.

3. Du bist nicht zum Vergnügen angestellt.

4. Hier gibt es Schreibblöcke mit Rand.

5. Nach dem Essen werde ich müde.

ÜBEN

WISSEN

Die Zeitenfolge im Satzgefüge
Die Zeitform des Verbs im Nebensatz drückt aus, in welchem zeitlichen Ver-hältnis der Nebensatz zum Hauptsatz steht. Dabei unterscheidet man zwischen

- Gleichzeitigkeit,
- Vorzeitigkeit und
- Nachzeitigkeit.

Gleichzeitigkeit:
Noch während die Zuschauer jubeln, pfeift der Schiedsrichter das Spiel ab.
Vorzeitigkeit:
Ich kam zu spät zur Schule, weil ich meinen Bus verpasst hatte.
Nachzeitigkeit:
Ich lese das Buch zu Ende, ehe die Ferien beginnen.

ÜBUNG 9 **Formuliere die folgenden Sätze so um, dass jeweils ein Satzgefüge, bestehend aus einem Hauptsatz und einem Nebensatz, entsteht. Bestimme dann, ob dieser gleichzeitig (g), vorzeitig (v) oder nachzeitig (n) ist.**

1. Wir erinnerten uns der gesehenen Filme.

   Wir erinnerten uns, welche Filme wir gesehen hatten. (v)

2. Er möchte unsere Hilfe nicht.

3. Zur Klärung der Streitfrage führten wir eine Diskussion.

4. Nach dem Essen tranken wir Tee.

5. Die Zuhörer begrüßend, begann er seine Rede.

6. Wegen des Regens gehen wir nicht wandern.

5.3 Der Konjunktiv

Es gibt drei verschiedene Aussageweisen: ▪ **Indikativ** (Wirklichkeitsform), ▪ **Konjunktiv** (Möglichkeitsform) und ▪ **Imperativ** (Befehlsform). Die Aussageweise bezeichnet man auch als den **Modus** (Plural: Modi) eines Verbs. *Merke:* Der Indikativ ist die Grundform sprachlicher Äußerungen.	*Indikativ Präsens:* er geht *Indikativ Präteritum:* er ging *Konjunktiv I:* er gehe *Konjunktiv II:* er ginge *Imperativ Singular / Plural:* Geh! / Geht!
Der **Konjunktiv I** wird für **Wünsche, Aufforderungen** und **Ausrufe** und in der **indirekten Rede** verwendet. Du bildest ihn, indem du an den Präsensstamm des Verbs die Endung *-e* (1. + 3. Pers. Sing.), *-est* (2. Pers. Sing.), *-en* (1. + 3. Pers. Pl.) oder *-et* (2. Pers. Pl.) anhängst. Er kann im Präsens, Perfekt und Futur stehen und wird häufig in festen Wendungen, Anleitungen oder Anweisungstexten (z. B. Kochrezepten) verwendet.	*Wunsch:* **Ruhet** in Frieden. *Aufforderung:* Man **nehme** ein Pfund Mehl. *Ausruf:* Er **lebe** hoch! *Indirekte Rede:* Er fragt, ob sie **friere.** – Sie sagt, sie **habe** den ganzen Tag **gelesen.** – Du sagst, ihr **werdet kommen.** ich komm**e** — wir komm**en** du komm**est** — ihr komm**et** er / sie / es komm**e** — sie komm**en**
Der **Konjunktiv II** drückt etwas **nicht Wirkliches** aus, z. B. gedankliche Vorstellungen und unerfüllbare Wünsche. Du bildest ihn mit dem Präteritumstamm des Verbs und den Endungen *-e* (1. + 3. Pers. Sing.), *-est* (2. Pers. Sing.), *-en* (1. + 3. Pers. Pl.) oder *-et* (2. Pers. Pl.), bei starken Verben auch durch Umlaut. Er kann im Präteritum und Plusquamperfekt stehen. *Merke:* In einer höflichen Aufforderung oder vorsichtigen Feststellung wird ebenfalls der Konjunktiv II verwendet.	Stell dir vor, wir **lägen** jetzt am Strand. **Wären** doch nur schon Ferien! Wir **wären** gerne in den Urlaub **geflogen.** ich k**ä**m**e** — wir k**ä**m**en** du k**ä**m**(e)st** — ihr k**ä**m**(e)t** er / sie / es k**ä**m**e** — sie k**ä**m**en** **Hätten** Sie einen Moment Zeit für mich? Ich **würde** dafür **plädieren,** dass ...
Der Konjunktiv II kann mit ***würde* + Infinitiv** umschrieben werden, wenn die Verbform nicht vom Präteritum zu unterscheiden oder ungebräuchlich bzw. veraltet ist.	er spielte → er würde spielen ich machte → ich würde machen es begänne → es **würde beginnen**
Die **indirekte Rede** steht meist im Konjunktiv I. Wenn aber Konjunktiv I und Indikativ gleich sind, wird Konjunktiv II verwendet, um Unklarheiten und Missverständnisse zu vermeiden.	*Direkte Rede:* „Sie haben lange miteinander gesprochen." *Indirekte Rede:* Der Minister berichtet, sie **hätten** lange miteinander **gesprochen.**

WISSEN

ÜBUNG 10 **Konjugiere die folgenden vier Verben jeweils im Konjunktiv I (Präsens Aktiv) und Konjunktiv II (Präteritum Aktiv).**

1. fragen

Konjunktiv I	**Konjunktiv II**
ich	ich
du	du
er / sie / es	er / sie / es
wir	wir
ihr	ihr
sie	sie

2. sein

Konjunktiv I	**Konjunktiv II**
ich	ich
du	du
er / sie / es	er / sie / es
wir	wir
ihr	ihr
sie	sie

3. haben

Konjunktiv I	**Konjunktiv II**
ich	ich
du	du
er / sie / es	er / sie / es
wir	wir
ihr	ihr
sie	sie

4. werden

Konjunktiv I	Konjunktiv II
ich	ich
du	du
er / sie / es	er / sie / es
wir	wir
ihr	ihr
sie	sie

ÜBUNG 11 **Vervollständige die Tabelle mit den folgenden Verbformen.**

er suchte / würde suchen – er schreibt – laufen – er schreibe – du trügest – er schriebe – fliegen – du trägst – er suchte – sie flog – sie fliege – tragen – er suche – er lief – er laufe – du tragest – er läuft – sie flöge – suchen – er liefe

Infinitiv	Indikativ Präsens	Konjunktiv I	Indikativ Präteritum	Konjunktiv II
schreiben			er schrieb	
	sie fliegt			
			du trugst	
	er sucht			

ÜBUNG 12 **Bilde zu den folgenden Sätzen die indirekte Rede. Prüfe dabei genau, ob du den Konjunktiv I benutzen kannst oder auf den Konjunktiv II oder die Umschreibung mit „würde" zurückgreifen musst. Schreibe in dein Übungsheft.**

1. Peter sagte zu uns: „Heute gehen wir ins Kino. Es ist jetzt 15 Uhr. Ich schlage vor, dass wir uns um 17 Uhr vor dem Kino treffen."
2. Am folgenden Tag rief uns Peter zu: „Gehen wir heute schwimmen?"

WISSEN +

Konjunktiv I und II können sich auf Gegenwart, Vergangenheit oder Zukunft beziehen. Um **Vorzeitigkeit** auszudrücken, gibt es eine **Perfektform** im Konjunktiv I sowie ein **Plusquamperfekt** im Konjunktiv II.	*Perfekt Konjunktiv I:* ich habe gefragt — wir haben gefragt du habest gefragt — ihr habet gefragt er habe gefragt — sie haben gefragt *Plusquamperfekt Konjunktiv II:* ich hätte gefragt — wir hätten gefragt du hättest gefragt — ihr hättet gefragt er hätte gefragt — sie hätten gefragt
Die **Passivformen** des Konjunktiv I und II werden mit der entsprechenden Form der Hilfsverben ***sein*** bzw. ***haben*** sowie dem **Partizip Perfekt** des jeweiligen Verbs gebildet.	*Konjunktiv I Präsens Passiv:* er werde gefragt *Konjunktiv I Perfekt Passiv:* er sei gefragt worden *Konjunktiv II Präteritum Passiv:* er würde gefragt *Konjunktiv II Plusquamperfekt Passiv:* er wäre gefragt worden

ÜBUNG 13 **Setze die Sätze in die indirekte Rede. Beachte dabei, dass teilweise auch Personalpronomen sowie Orts- und Zeitangaben angepasst werden müssen.**

1. Meine Freundin fragte mich: „Kommst du mit mir ins Café?“

2. Der Zoowärter schrie uns an: „Kommt sofort vom Baum da runter!“

3. Laura befürchtet: „Ich werde morgen nichts zum Anziehen haben.“

4. Die Verkehrsbetriebe informieren: „Die neuen Tarife gelten ab dem 1. Juni.“

5. Auf der Homepage des Alpenvereins stand am Tage vor unserer Wanderung: „Die Schneefallgrenze sinkt morgen auf 500 m.“

6. Silke und Nina erklären: „Auf uns braucht niemand zu warten.“

ÜBUNG 14 **Die Klasse 10 a träumt von einer besseren Welt. Setze die folgenden Sätze in den Konjunktiv II, um deutlich auszudrücken, dass es sich um gänzlich unwirkliche Träume handelt.**

5.4 Fremdwörter und ihre Bedeutung

Im Deutschen – und in allen anderen Kultursprachen – gibt es eine große Zahl von Wörtern aus anderen, d. h. fremden Sprachen. Sie werden **Fremdwörter** genannt, selbst wenn es sich um durchaus bekannte und gebräuchliche Wörter handelt.	Alphabet – Baby – Biografie – Demonstrant – Espresso – Methode – Pyramide – Restaurant – Saison – Theater – Ziffer
Man unterscheidet zudem zwischen Lehnwörtern und Fremdwörtern: ■ **Lehnwörter** sind aus einer fremden Sprache entlehnte Wörter, die sich in ihren Lauten und Formen ans Deutsche angepasst haben. ■ **Fremdwörter** dagegen erkennt man meist daran, dass sie sich nicht ganz an das Deutsche angepasst haben, sondern in Schreibung, Betonung und Aussprache von deutschen Wörtern abweichen.	*Lehnwörter aus dem Lateinischen:* Mauer → murus Ziegel → tegula Keller → cellarium Fenster → fenestra *(Unsere germanischen Vorfahren haben den Steinbau von den Römern gelernt und dabei die Begriffe übernommen.)* *Fremdwörter:* expressiv – Konfrontation – Lamento – Mobbing – Teleskop – Gynäkologe – Restaurant – Recycling
Es gibt einige fremdsprachliche **Wortbildungselemente,** die in verschiedenen Zusammensetzungen immer die gleiche Bedeutung haben. Dazu gehören u. a.: ■ ***bio:*** das Leben betreffend ■ ***fon / phon:*** Laut, Ton, Stimme, Sprache ■ ***geo:*** Erde ■ ***mono:*** allein, einzeln, einmalig ■ ***poly:*** mehr, oft, viel ■ ***tele:*** fern, weit	**Bio**logie = Lehre von der belebten Natur poly**fon** = vielstimmig, mehrstimmig **Geo**däsie = Erdvermessung **mono**chrom = einfarbig **Poly**saccharid = Vielfachzucker **Tele**fon = Fernsprecher
Fremdwörter aus dem **Lateinischen** bezeichnen häufig Dinge bzw. Sachverhalte aus den Bereichen Wissenschaft, Kunst und Militärwesen.	Demonstrant – Doktor – Exitus – Fakultät – Konstruktion – Nervosität – Professor – Quartal – Villa
Fremdwörter aus dem **Griechischen** stammen häufig aus den Bereichen Wissenschaft und Kultur.	Biografie – Prophet – Rheuma – Rhythmus – Theke – Theater – Sympathie
Fremdwörter aus dem **Französischen** sind in den Bereichen Mode, Kultur und Gastronomie verbreitet.	Accessoire – Medaille – Feuilleton – Biskuit – Fondue – Ragout – Sorbet

Fremdwörter aus dem **Englischen** stammen oft aus den Bereichen Sport, Jugend, Gesellschaft und Technik.	Gangster – Handicap – Basketball – Hobby – Party – Sandwich – Whisky – Computer
Fremdwörter aus dem **Italienischen** finden sich häufig in den Bereichen Musik, Handel, Gastronomie und Kunst.	Cello – Intermezzo – Klarinette – brutto – Rabatt – Pizza – Spaghetti – Skizze – Fresko
Dinge, die aus einer anderen Kultur Eingang in unseren Alltag gefunden haben, werden häufig mitsamt dem fremdsprachigen Begriff übernommen.	*Aus dem Arabischen:* Algebra – Alkohol – Karaffe *Aus dem Japanischen:* Bonsai – Ikebana – Sushi *Aus dem Chinesischen:* Wok – Kotau *Aus dem Indischen:* Bungalow – Dschungel – Ingwer *Aus den australischen Sprachen:* Bumerang – Känguru – Koala
Merke: Fremdwörter können besondere stilistische und inhaltliche **Nuancen** enthalten, die sie von einem entsprechenden oder inhaltlich ähnlichen deutschen Wort unterscheiden. So kann der richtige Gebrauch von Fremdwörtern durchaus stilistische Unterschiede verdeutlichen.	Portier ↔ Pförtner transpirieren ↔ schwitzen fair ↔ anständig Gesicht ↔ Visage
Manche Fremdwörter, vor allem Fachwörter, lassen sich nicht durch ein deutsches Wort ersetzen. Sie müssten umständlich umschrieben werden. Fremdwörter sind also immer dann gut und nützlich, wenn man sich damit kürzer und deutlicher ausdrücken kann.	Aggregat Automat Politik
Es gibt Fälle, in denen das deutsche Wort und das Fremdwort gleichrangig und gleichbedeutend nebeneinanderstehen. In diesen Fällen kannst du z. B. aus Gründen der Abwechslung zwischen den Wörtern wählen.	Adresse – Anschrift Bandit – Räuber Bibliothek – Bücherei Cousin – Vetter Idee – Gedanke Inserat – Anzeige Match – Spiel Trikot – Sporthemd Volumen – Rauminhalt

ÜBUNG 15 **Erkennst du das Fremdwort? Ein Tipp: Der Wortanfang ist rot markiert, und aus der Groß- bzw. Kleinschreibung kannst du herauslesen, ob es sich um ein Substantiv oder ein Adjektiv handelt.**

1. szidinilritpe
2. reemzlloien
3. tDmeoierka
4. kgLoi
5. yabLthinr
6. ttkroeinsern

ÜBUNG 16 **Wie lauten die deutschen Entsprechungen zu den Fremdwörtern?**

1. Lakai →
2. Lazarett →
3. Liturgie →
4. Cousine →
5. Demokratie →
6. Moment →

ÜBUNG 17 **Wortsalat! Setze die Fremdwörter wieder richtig zusammen. Schlage die Wörter nach, die du nicht kennst, und erkläre sie.**

Arthri- Tra- -kologe Gynä- Kri-
-ma päda- -stat -tis
kata- -strophal -os -lekt Cha-
Dra- -se -gogisch -gödie Dia- Thermo-

ÜBUNG 18 **Finde Fremdwörter, die den folgenden deutschen Begriffen entsprechen.**

1. Leichtfertigkeit →
2. darlegen →
3. dickleibig →
4. Einzelwesen →
5. Kleinigkeitskrämerei →
6. ungünstig →

WISSEN

Anglizismen
Während in den Jahren nach dem Zweiten Weltkrieg die allgemeine Bewunderung der Deutschen für den „American Way of Life" eine überdurchschnittliche Verwendung von Anglizismen und Amerikanismen nach sich zog, ist es heute eher die Tatsache, dass das Englische als „Lingua franca" (Verkehrssprache) gilt, die dazu führt, dass viele Begriffe aus dem Englischen und Amerikanischen Eingang in die Alltagssprache finden.

Beispiele: Actionfilm – Charts – Fast Food – Manager – Pipeline – Show

ÜBUNG 19 **Kennst du diese Fremdwörter? Verbinde je einen Begriff aus der linken Spalte mit einer Erklärung aus der rechten Spalte.**

Terminal	Wert- oder Geldanlage
Marketing	öffentliche Erklärung
Investment	Ausrichtung auf die Verbesserung der Absatzmöglichkeiten durch Werbung
Feedback	Herunterladen von Daten aus dem Internet
Statement	Seminar, Arbeitsgruppe
Workshop	Rückmeldung bzw. Reaktion
downloaden	Abfertigungshalle für Fluggäste

ÜBUNG 20 Jedes Wort aus dem Wortspeicher kann mit der Vorsilbe *re-* mindestens ein neues Fremdwort bilden. Schreibe dann zu jedem Fremdwort eine kurze Erklärung.

Aktion – agieren – aktivieren – Animation – konstruieren – Produktion – Union

ÜBUNG 21 Welche der folgenden Fremdwörter stammen aus dem Lateinischen, welche aus dem Griechischen? Lege dir in deinem Übungsheft eine Tabelle mit zwei Spalten an und ordne zu.

Biologie – Theater – Sympathie – Thema – Telegramm – Inventur – Fraktur – Orthopäde – Klausur – Philosophie – Gymnasium

WISSEN

Fach- und Gruppensprachen
Manche Berufs- oder Personengruppen verwenden für umgangssprachlich übliche Dinge bzw. Sachverhalte eigene Bezeichnungen. Es kann sich dabei um **Fachsprachen** handeln, z. B. die Jägersprache, oder aber um **Gruppensprachen**, z. B. die Schülersprache. Mit dem Gebrauch solcher Fach- und Gruppensprachen verbindet sich meist ein stilistischer Unterschied.

Jägersprache:
Löffel = Ohr
Schweiß = Blut
Blume = Schwanz des Hasen
Lichter = Augen

Jugendsprache:
Disse = Diskothek
voll krass = sehr schön
chillen = sich entspannen

5.5 Den Schreibstil verbessern

Unter **Stil** versteht man die individuelle Art, sich mündlich bzw. schriftlich auszudrücken.

Die **Wortwahl,** die jemand trifft, hat großen Einfluss auf den Gesamteindruck eines Textes. Daher ist es wichtig, Sprache und Ausdrucksweise dem **Thema** anzupassen.

- Eine **Inhaltsangabe** sollte **präzise** und **sachlich genau** sein, ohne schmückende Adjektive, sprachliche Bilder oder Metaphern auskommen und Fachbegriffe ggf. erklären.

die Bäckertochter Maria *(anstatt: Maria, die auffällig gekleidete, ausgesprochen hübsche Tochter des Bäckers)*

- Auch bei der **Sachtextanalyse** ist es wichtig, **präzise** und **treffende** Begriffe zu verwenden, auf Ausschmückungen zu verzichten und Begründungen zu liefern. Verwende Konjunktionen *(da, weil, denn, deswegen)*, um solche Begründungen zu formulieren.

Hanna ist kein entschlussfreudiger Mensch, **denn** der Gedanke, andere durch einen Beschluss vor den Kopf stoßen zu können, bereitet ihr ständig Kummer.

- **Bei der Analyse** von fiktionalen Texten dagegen kannst du **Bilder, Vergleiche** und **Metaphern,** die dem Text entsprechen, verwenden.

Der Held der Geschichte findet seine **letzte Ruhestätte** an einem geheimen Ort. *(anstatt: Grab)*

- Inhaltlich wertvoll wird eine solche Analyse, wenn du aus den jeweiligen Feststellungen auch passende **Schlussfolgerungen** – am besten mithilfe von Konjunktionen wie *daher, somit, demnach, so* – ziehst!

Werner ist ein sehr unsicherer Mensch, **daher** fühlt er sich in Gegenwart von Menschen, die er nicht kennt, ständig unwohl.

Auch ein guter **Satzbau** sorgt für einen besseren Gesamteindruck deines Textes. Achte darauf, abwechslungsreich zu formulieren:

- Verwende unterschiedliche Satzanfänge (1).
- Bilde Satzgefüge statt Satzreihen (2).
- Vermeide unnötige Wiederholungen und überflüssige Füllwörter (3).
- Wende Fremdwörter und Fachbegriffe richtig an (↑ Kap. 5.4).

(1) zuerst – zu Beginn – plötzlich – bald darauf – im nächsten Augenblick – kurze Zeit später – danach – nach wenigen Minuten – schließlich

(2) Satzreihe: Ich spielte Fußball, da begann es zu regnen. (→ *besser Satzgefüge:* Während ich Fußball spielte, begann es zu regnen.)

(3) Der ~~weiße~~ Schimmel, der auf der grünen Wiese vor sich hingaloppierte, gefiel den Kindern ~~mächtig und~~ prächtig.

ÜBUNG 22 **Lies den folgenden Textausschnitt gründlich durch. Streiche unpassende Formulierungen und markiere die Stellen mit einem senkrechten Strich, an denen Absätze wichtig sind, damit der Text besser lesbar wird.**

ACHTUNG FEHLER

Die Commedia dell'Arte

Die Commedia dell'Arte entstand im 16. Jahrhundert, oder, um es genau zu sagen, so ungefähr 1550 in Italien. Es ist eine Stegreifkomödie, d. h., die Schauspieler haben vorher nicht extra einen Text auswendig gelernt und sagen ihn einfach daher, sondern sie improvisieren. Nur der Handlungsverlauf und die Szenenfolge sind festgelegt. Das musste auch so sein, denn sonst wäre das Ganze im Chaos versunken. Die Schauspieler waren alles Berufsschauspieler. Es gab feste Komödiantentruppen, die manchmal nach herausragenden Schauspielern hießen. Eine Truppe war immer zehn bis zwölf Mann. Frauen waren dabei auch immer Frauen. Es wurden nicht einzelne Individualitäten dargestellt, sondern immer nur feste Typen. Fürchterlich wichtig sind die Zanni, die Diener. Unter denen sind die bekanntesten der Diener Arlecchino und die Dienerin Colombina, die zwar immer ein bisschen dumm sind und für manche Verwicklung verantwortlich sind. Aber am Ende wird glücklicherweise immer alles gut. Mit der Theaterreform von Goldoni (Mitte des 18. Jahrhunderts) war es mit der Commedia dell'Arte leider vorbei. Erst das Piccolo Teatro in Mailand setzt sich seit 1947 wieder für eine Wiederbelebung der Commedia dell'Arte ein.

WISSEN

Am Ende des **Schreibprozesses** überarbeitest du deinen Text als Ganzes. Lies ihn dir dazu noch einmal gründlich durch:

Ist die Darstellung **klar** und allgemein **verständlich?**	Sind alle Fremdwörter und Fachbegriffe erklärt?
Gibt es **logische Brüche** oder **Gedankensprünge?**	Wichtige Personenkonstellationen erklären! Wichtige Ereignisse nicht weglassen!
Sind die **Übergänge** zwischen den einzelnen Abschnitten **schlüssig?**	
Ist der Text **grammatisch** richtig?	Stimmen Tempus und Modus der Verben? – Ist die Satzstellung korrekt? – Sind die grammatischen Bezüge richtig?
Ist die Schrift gut **lesbar?**	Ist die Handschrift sauber? – Bei Computertexten: Stimmen Schriftgröße und Zeilenabstand?

ÜBUNG 23 **Auch der nächste Text handelt von der Commedia dell'Arte. Lies ihn gründlich durch, streiche unpassende Formulierungen und tausche unnötige Fremdwörter aus, sodass der Text logisch und allgemein verständlich ist. Überlege dabei auch, ob die Absätze an der richtigen Stelle sind.**

Die Commedia dell'Arte

Die Commedia dell'Arte entstand Mitte des 16. Jahrhunderts in Italien und war in ihrer Art originär. Sie präsentierte sich als Stegreifkomödie, die durch Improvisation den Text generierte.

Nur der Handlungsverlauf und die Szenenfolge waren in concreto festgelegt. Es war Usus, dass die Darsteller Berufsschauspieler waren, die ihr Angebot so präsentieren mussten, dass sie damit ihren Lebensunterhalt sichern konnten.

Eine Schauspieltruppe setzte sich aus zehn bis zwölf Schauspielern zusammen. Eine für die Commedia dell'Arte charakteristische Besonderheit war, dass die Frauenrollen auch personaliter von Frauen gespielt wurden.

Bei den dargestellten Personen wurde nicht so sehr der individuelle Charakter fokussiert als vielmehr der Typus. So gab es die sogenannten Zanni, die Diener, deren Koexistenz von Sympathie und Vitalität den Typus kennzeichneten.

Die von ihnen produzierte Gemengelage konnte am Ende jedoch immer wieder auf eine Lösung hin reduziert werden. Die von Goldoni in der Mitte des 18. Jahrhunderts initiierte Theaterreform bedeutete das Ende der Commedia dell'Arte. Das Piccolo Teatro in Mailand reüssiert seit 1947 darin, die Commedia dell'Arte wiederzubeleben.

ÜBUNG 24 **So unzulänglich die beiden vorangehenden Texte auch sind, sie enthalten dennoch einige Informationen über die Commedia dell'Arte. Schreibe nun auf der Grundlage deiner Verbesserungen und mithilfe der Informationen, die diese Texte enthalten, einen knappen, informativen Text über diese italienische Theaterform, wie er in einem Lexikon zu finden sein könnte. Benutze dein Übungsheft.**

ÜBEN

Klassenarbeit 1

60 Minuten

AUFGABE 1 **Bestimme die Verbformen (Person, Numerus, Tempus, Modus und Genus Verbi).**

1. ihr wart →
2. du hast geliebt →
3. sie werden gehört worden sein →
4. ich werde lesen →
5. Hör! →
6. er sei gefragt worden →

AUFGABE 2 **Finde mindestens drei Begriffe aus dem jeweiligen Wortfeld.**

sagen:

gehen:

hören:

AUFGABE 3 **Unterstreiche den Nebensatz und bestimme die Nebensatzart. Ein Tipp: Drei Sätze enthalten einen Lokalsatz, bei zwei Fällen handelt es sich um Objektsätze.**

1. Die Geschichten Astrid Lindgrens finden überall Freunde, wo sie Kindern begegnen. →
2. Dass die lebensgefährlichen Pocken weltweit ausgerottet sind, verdanken wir dem Impfen. →
3. Pippi, Ronja Räubertochter oder die Brüder Löwenherz werden weiter die Herzen der Kinder erobern, woher sie auch kommen. →
4. Die berühmte Kinderbuchautorin Astrid Lindgren fand ihre letzte Ruhe dort, wo sie 1908 als Tochter eines Landwirts geboren wurde. →
5. Der Arzt kann am besten beurteilen, ob dir bestimmte Impfungen fehlen oder aufgefrischt werden müssen. →

AUFGABE 4 **Finde das richtige Fremdwort.**

1. Kleinbürgerlichkeit:
2. Knappheit:
3. beispielhaft:
4. ärgern:
5. Tadel:

AUFGABE 5 **Bestimme die Satzglieder, indem du die Abkürzung darunterschreibst.**

1. Deine Freundin rechnet fest mit deinem Kommen.
2. Die Kleider der Kinder werden gewaschen.
3. In ihrer Freizeit spielt Annika gerne Klavier.
4. „Iiih!", rief sie erschrocken, als sie die Schimmelschicht auf dem Käse entdeckte.

AUFGABE 6 **Fülle die Tabelle aus.**

Infinitiv	Konjunktiv I Präsens 1. Pers. Sg.	Konjunktiv I Perfekt 3. Pers. Pl.	Konjunktiv II Präteritum 2. Pers. Sg.	Konjunktiv II Plusquamperfekt 2. Pers. Pl.
sein				
lesen				
haben				

AUFGABE 7 **Woran musst du denken, wenn du einen Text überarbeitest? Erstelle eine Checkliste in deinem Übungsheft.**

TESTEN

Klassenarbeit 2

70 Minuten

AUFGABE 8 **Markiere die Anglizismen und jugendsprachlichen Ausdrücke in verschiedenen Farben. Welche Besonderheiten fallen dir bezüglich der Wortbildung auf? Notiere in deinem Übungsheft.**

Ey, hast du schon ein cooles Outfit für die Party heute Abend? Ich denk mal, dass ich diese rattenscharfe neue Jacke anziehen werde, die ist megageil. Das wird meinen Auftritt supporten, ich will ja nicht ablosen, sondern reinpowern!

AUFGABE 9 **Bestimme die Wortart eines jeden Wortes im folgenden Satz.**

Ach, was ist das doch für ein wundervoller Tag!

AUFGABE 10 **Bestimme die Satzglieder der folgenden Sätze in deinem Übungsheft.**

Die Großwetterlage ändert sich nur wenig. Einem Hoch im Westen steht tiefer Luftdruck im Osten gegenüber. Im Osten ist es anfangs noch kalt, im Westen frischt es auf. Der Wind weht kräftig aus Skandinavien.

AUFGABE 11 **Lies die folgende Presseinformation der Polizei und verfasse auf dieser Grundlage eine Zeitungsnachricht. Löse dabei – wenn möglich – den Nominalstil zugunsten geeigneter Satzgefüge auf. Schreibe in dein Übungsheft.**

Verkehrsunfälle und Behinderungen aufgrund winterlicher Witterung

Ort: A 4 zwischen Dresden-Neustadt und Dresden-Hellerau, beide Richtungen
Zeit: 23.11.2009, 7.00–10.00 Uhr
Aufgrund überfrierender Nässe, Schneefall und Eisglätte kam eine größere Anzahl von Lkws nicht mehr vorwärts, sie stellten sich teilweise quer oder rutschten zum Teil aufeinander. Aus diesem Grund wurde die Autobahn kurzzeitig zwischen 7.50 Uhr und 8.20 Uhr beidseitig voll gesperrt. Im Einsatz befanden sich das THW, die Autobahnmeisterei und der Winterdienst. Im genannten Zeitraum wurden durch das Autobahnpolizeirevier zehn Verkehrsunfälle mit insgesamt ca. 40 000,– Euro Schaden aufgenommen. Menschen wurden nicht verletzt. Im Rahmen dieser Unfallserie wurde die A 4 zwischen dem Dreieck Dresden-West und Dresden-Altstadt zur Bergung eines Lkw zwischen 8.50 Uhr und 9.30 Uhr einseitig gesperrt.

AUFGABE 12 **Unterstreiche die Attribute.**

Berlin – Bei einem schweren Verkehrsunfall in Neukölln ist am Sonntagnachmittag ein 67-jähriger Mann ums Leben gekommen. Der offensichtlich betrunkene Fußgänger wollte die Sonnenallee zwischen S-Bahnhof Köllnische Heide und Planetenstraße überqueren und achtete dabei nicht ausreichend auf den starken Fahrzeugverkehr, wie eine Polizeisprecherin am Montag mitteilte. Ein 25-jähriger Pkw-Fahrer konnte sein Auto nicht rechtzeitig zum Stehen bringen und erfasste den Mann mit seinem Wagen. Dieser erlag trotz sofortiger notärztlicher Versorgung noch am Unfallort seinen schweren Verletzungen. Die Zahl der in Berlin in diesem Jahr tödlich verunglückten Fußgänger hat sich durch diesen Unfall auf 28 erhöht.

AUFGABE 13 **Nachfolgend findest du eine Reihe von Zeugenaussagen, die sich auf den in Aufgabe 12 geschilderten Verkehrsunfall beziehen. Übertrage die Sätze in die indirekte Rede und verwende dabei den Konjunktiv. Schreibe in dein Übungsheft.**

6 Rechtschreibung und Zeichensetzung

6.1 Groß- und Kleinschreibung

Großschreibung gilt für alle Substantive.	**T**ext – **S**chwester – **L**iebe – **M**aterial
Werden Wörter anderer Wortarten **substantiviert** (als Substantiv verwendet), schreibt man sie ebenfalls **groß:** Verben (1), Adjektive (2), Partizipien (3), Pronomen (4), Zahlwörter (5), Paarformeln (6), die meisten unbestimmten Zahladjektive (7), Konjunktionen (8) und Interjektionen (9).	(1) Das **L**aufen brachte ihn außer Atem. (2) Fußball ist für ihn das **G**rößte. (3) der **L**esende (4) jedem das **S**eine (5) eine **E**ins schreiben (6) **A**rm und **R**eich (7) alles **Ü**brige – nicht das **G**eringste (8) das **W**enn und **A**ber (9) mit großem **A**ch und **W**eh
Bei Verbindungen aus Adjektiv und Substantiv, die gemeinsam einen **festen Begriff** bilden, darf man das Adjektiv großschreiben.	der Blaue / blaue Brief das Schwarze / schwarze Brett
Aufgepasst: Bei Titel-, Ehren- und Amtsbezeichnungen, historischen Ereignissen / Epochen und besonderen Kalendertagen sowie in Einzelfällen im fachsprachlichen Gebrauch **muss** man das Adjektiv großschreiben.	der **H**eilige Vater **K**önigliche Hoheit der **Z**weite Weltkrieg der **W**eiße Sonntag die **R**ote Karte (Sport)
Dagegen werden alle Wörter, die keine Substantive sind, **kleingeschrieben,** wenn sie ihrer ursprünglichen Wortart entsprechend verwendet werden: Verben und Partizipien (1), Adjektive (2), Adverbien (3), Artikel (4), Pronomen (5), Präpositionen (6), Konjunktionen (7) und Zahlwörter (8).	(1) **s**pielen – **l**achen – **s**pielend – **g**elacht (2) **s**chön – **b**unt (3) **o**ft – **h**eute – **t**rotzdem (4) **d**er – **d**ie – **d**as – **e**in – **e**ine (5) **d**u – **e**r – **m**ein (6) **i**n – **a**uf – **u**nter (7) **w**enn – **d**anach (8) **v**iel – **w**enig – **d**rei
Achtung: In den Übungen dieses Kapitels wird bei Varianten in der Regel diejenige verwendet, die von Duden empfohlen wird.	

ÜBUNG 1 **Ergänze die Lücken und entscheide, ob das betreffende Wort groß- oder kleingeschrieben wird.**

Gefährlicher Ausflug

Am ___nde unseres gestrigen Fahrradausflugs ereignete sich ein Zwischenfall, der unsere Nerven aufs ___ußerste strapazierte. Auf dem Rückweg mussten wir über eine achtspurige Brücke, die jetzt am ___achmittag am ___ichtesten befahren war. Die älteren Jungen fuhren den ___leineren voraus und die ___chnellsten hatten die höchste Stelle der Brücke bereits erreicht, als sie plötzlich anhielten. Obwohl die Räder alle vor ___urzem überprüft worden waren, hatte ___emand einen Platten. Das ___lügste wäre es gewesen, auf die ___achfolgenden zu warten, denn unser Lehrer hatte uns immer wieder aufs ___indringlichste vor dem ___berqueren der Brücke gewarnt.

Nichts ___elerntes schien jedoch in diesem Moment zu zählen und zudem winkte auf der anderen Seite einer der ___nseren mit einem Ersatzreifen. So trat der angeblich ___utigste der Schüler mit viel Getöse auf die Fahrbahn. Er schien sich nicht im ___ntferntesten der Gefahr bewusst zu sein und hatte schon fast den gegenüberliegenden Bürgersteig erreicht, als ein Auto auf der ___ußersten Spur heranschoss. Der Wagen erfasste den Schüler an den Füßen und schleuderte ihn einige Meter weit. Der ___erletzte blieb mit Prellungen liegen. So ___ancher traute sich nicht mehr auf die Straße zu blicken!

Heute ist das ___rlebte auf dem Schulhof Gesprächsthema. Leider findet bis auf ___eiteres kein Fahrradausflug mehr statt.

ÜBUNG 2 **Bestimme, welche Wortart hier substantivisch gebraucht ist.**

1. das Lesen → ___
2. alles Gute → ___
3. das Geschriebene → ___
4. Jedem das Seine. → ___
5. das Für und Wider → ___
6. Das Lob der Vielen → ___

ÜBUNG 3 **Suche in der Wortschlange fünf feststehende Begriffe, die großgeschrieben werden.**

DERSIEBZEHNTEJANUARDERWEISSESONNTAGDERSTELLVERTRETENDEBÜRGER
MEISTERGROSSUNDKLEINRECHTSEINVORMITTAGSDERZWEITEWELTKRIEGDIE
CHINESISCHESEIDEDERDEUTSCHESCHÄFERHUND

WISSEN

Manche Wortverbindungen kann man als **feste Zusammensetzung** oder auch als **Wortgruppe** betrachten. Sie können daher sowohl groß- als auch kleingeschrieben werden.

aufgrund – auf **G**rund
zulasten – zu **L**asten
vonseiten – von **S**eiten
zugrunde – zu **G**runde
mithilfe – mit **H**ilfe
zumute sein – zu **M**ute sein
imstande sein – im **S**tande sein
infrage kommen – in **F**rage kommen

Die Wörter ***Angst, Bange, Leid, Recht, Unrecht, Schuld*** werden in der Verbindung mit den Verben *sein* und *werden* kleingeschrieben. In Verbindungen mit anderen Verben schreibt man sie in der Regel groß.

Mir **wird** angst. – Du **machst** mir **A**ngst.
Ich **bin** es leid. – Er **hat** ihr **L**eid **zugefügt.**
Es **ist** mir recht. – Er **spricht R**echt.
Du **bist** schuld. – Sie **trifft** keine **S**chuld.

Ausnahme: Du **tust** mir **l**eid.

ÜBUNG 4 **Welche Schreibung ist richtig? Streiche den falschen Buchstaben durch.**

1. Miriam ist vor ihrem Ballettauftritt a/Angst und b/Bange.
2. Der Lehrer hat dem Klassensprecher u/Unrecht getan.
3. Die Firma seines Vaters hat vor vier Jahren p/Pleite gemacht.
4. Du tust mir wirklich l/Leid.
5. Ein Tsunami in Südostasien forderte h/Hunderttausende von Todesopfern.
6. Die Mutter hat der Tochter schon h/Hundertmal gesagt, dass sie endlich ihr Zimmer aufräumen muss.
7. Das Training beginnt um s/Sieben.
8. Der Zeiger nähert sich der e/Elf.

6.2 Getrennt- und Zusammenschreibung

Wortgruppen schreibt man grundsätzlich getrennt, **Wortzusammensetzungen** jedoch zusammen. Eine Unterscheidung ist aber nicht immer leicht. Die folgenden Regeln helfen dir bei der Getrennt- und Zusammenschreibung.	*Wortgruppe:* da sein – baden gehen – Auto fahren *Wortzusammensetzung:* Gartenzaun – Fahrradklingel – hellgrün – zusammenschreiben
Zusammengesetzte Verben unterteilt man in trennbare und untrennbare Zusammensetzungen: ■ **Trennbare Zusammensetzungen** können im Satz getrennt stehen. Nur im Infinitiv, Partizip Präsens / Perfekt oder bei Endstellung im Nebensatz werden sie zusammengeschrieben. ■ **Untrennbare Zusammensetzungen** werden in allen konjugierten Formen zusammengeschrieben.	*Trennbare Zusammensetzungen:* aufgehen – die aufgehende Sonne – die Sonne ist aufgegangen – Ich warte, bis die Sonne aufgeht. – *Aber:* Die Sonne geht auf. *Untrennbare Zusammensetzungen:* brandmarken – durchqueren – fernsehen – freisprechen – frohlocken – handhaben – langweilen – schlafwandeln – übertreten – schlussfolgern – unterstellen – wetteifern
Verbindungen von **Verb + Verb** schreibt man in der Regel getrennt. *Ausnahme:* Das Verb *kennenlernen* darf man getrennt und zusammenschreiben. *Achtung:* Verbindungen von Verb + *bleiben* oder *lassen* kann man getrennt oder zusammenschreiben, wenn die Verbindung eine eigene (übertragene) Bedeutung hat.	laufen lernen – spazieren gehen kennen lernen *oder* kennenlernen liegen bleiben *oder* liegenbleiben (unerledigt bleiben) – *aber nur:* liegen bleiben (im Bett)
Folgende Wortgruppen mit einem Verb schreibt man ebenfalls **getrennt:** ■ Verbindungen mit ***sein*** ■ **Partizip + Verb**	da sein – beisammen sein – sein lassen getrennt schreiben – verloren gehen
Verbindungen von **Adverb + Verb** werden meistens zusammengeschrieben. Entscheidend ist dabei, wo die Betonung liegt: ■ Wird der erste Bestandteil betont, schreibt man zusammen. ■ Wird (auch) der zweite Bestandteil betont, schreibt man getrennt.	abhandenkommen – abwärtsfließen – querlesen – aufeinanderlegen rückwärts einparken – übereinander stolpern

WISSEN

Verbindungen mit einem **Substantiv** schreibt man **getrennt,** wenn das Substantiv als **eigenständig** angesehen wird.	Auto fahren – Schlittschuh laufen – Kartoffeln schälen
Verbindungen mit einem **Substantiv** schreibt man **zusammen,**	
▪ wenn in einer Verbindung aus **Substantiv + Verb** das Substantiv verblasst, d. h. als solches nicht mehr erkennbar ist,	teilnehmen – heimfahren – stattfinden – wettmachen – eislaufen – kopfstehen
▪ wenn die Verbindung **anstelle einer Wortgruppe** steht und dabei ein Artikel oder eine Präposition eingespart wird oder wenn das Substantiv in dieser Form nicht selbstständig vorkommt,	staubtrocken *(statt: trocken wie Staub)* – sonnenbaden *(statt: in der Sonne baden)* – nutzbringend *(„nutz" gibt es nicht)*
▪ wenn eine Verbindung aus **Präposition + Substantiv** zu einer neuen Präposition geworden ist,	anstelle – inmitten
▪ wenn in einer Verbindung aus **Substantiv + Partizip** die zugrunde liegende Verbindung aus Substantiv + Verb zusammengeschrieben wird.	teilnehmend – heimgefahren – irreführend – wettgemacht
Achtung: Wird die zugrunde liegende Verbindung getrennt geschrieben, darfst du sowohl getrennt als auch zusammenschreiben.	Erholung suchend *oder* erholungsuchend Not leidend *oder* notleidend
Verbindungen von **Adjektiv + Verb** schreibt man **zusammen,** wenn durch die Verbindung eine neue Gesamtbedeutung entsteht. Ist dies nicht der Fall, schreibt man getrennt.	krankschreiben – kürzertreten – heiligsprechen schnell sprechen – laut lachen
Achtung: Manche Fälle lassen sich leicht verwechseln.	frei sprechen (ohne Vorlage), *aber:* freisprechen (Richterspruch)
Zusammen schreibt man auch:	
▪ zusammengesetzte Adjektive, wenn der erste Bestandteil die **Bedeutung vermindert oder verstärkt**	bitterkalt – brandaktuell – superklug – stocktaub – hellgelb – totenstill
▪ zusammengesetzte Adjektive, wenn einer der beiden Bestandteile **nicht allein** vorkommen kann	großspurig – letztmalig – vieldeutig
Zusammen schreibt man außerdem:	
▪ Verbindungen mit ***irgend-***	irgendwer – irgendwo – irgendjemand
▪ die meisten **Konjunktionen**	nachdem – soweit – anstatt – sobald
▪ Ableitungen von **Grundzahlen auf *-er* + Substantiv**	Achterbahn – Zehnergruppe

ÜBUNG 5 **Nimm jeweils einen Begriff aus dem linken Kasten und verbinde ihn mit dem dazugehörigen Begriff aus dem rechten Kasten. Achte auf die richtige Getrennt- bzw. Zusammenschreibung!**

zunichte, Handel, Not, abhanden, aufeinander, rückwärts, hin, froh, teil	machen, nehmen, locken, leiden, treiben, fahren, schauen, prallen, kommen

ÜBUNG 6 **Der folgende Text enthält zehn falsch geschriebene Wortzusammensetzungen bzw. Wortgruppen. Streiche sie durch und korrigiere sie unten.**

ACHTUNG FEHLER

Viele Schüler strapazieren die Nerven ihrer Lehrer unnötig, weil sie es nicht schaffen, beim Plappern während der Unterrichtsstunde maßzuhalten. Mahnungen der Lehrer finden häufig kein Gehör. So mancher Lehrer hat daher Mühe, die Situation richtig Hand zu haben. Und die Schüler? Manch ein Lehrer hält diese für stock taub, so teilnahmslos sitzen sie im Klassenraum. Dabei geben sie in ihren Unterhaltungen mit dem Banknachbarn so manches Geheimnis Preis. Auch so manchen Unfug können die Jugendlichen am Vormittag nicht bleibenlassen ...

Irgendwann tönt ein Klingeln durch das Gebäude und erlöst Schüler und Lehrer gleicher Maßen. Erst beim heimgehen finden die Schüler wieder zu sich selbst. Und am Nachmittag, wenn sie etwa im Winter Schlittschuhlaufen oder im Sommer Radfahren, gilt es, die vermeintlichen Anstrengungen des Vormittags wieder wett zu machen: Sie übertreten keine Grenzen mehr, können freundlich auf ihre Mitmenschen zu gehen und beweisen, dass sie miteinander reden können. Und sie überlegen, wie sie es fertig bringen können, den nächsten Schultag zu überstehen!

ÜBEN

ÜBUNG 7 Vergleiche dein Ergebnis der vorangehenden Übung mit der Lösung. Lege dann in deinem Übungsheft eine Tabelle wie unten vorgegeben an. Trage nun die Grundformen der verbesserten Wörter in der linken Tabellenspalte ein. Schreibe in die zweite Spalte die entsprechende Regel für Getrennt- bzw. Zusammenschreibung. In der dritten Spalte kannst du dann ein weiteres Beispiel ergänzen.

Wortverbindung	Regel	weiteres Beispiel
handhaben		

ÜBUNG 8 Manche Wortverbindungen haben je nach Schreibweise unterschiedliche Bedeutungen. Finde jeweils einen Beispielsatz, in dem man die Wortgruppe getrennt schreibt, sowie einen, in dem man sie als Wortzusammensetzung zusammenschreibt.

1. sicher / gehen: Meine kleine Nichte kann seit wenigen Wochen sicher gehen. In dieser Sache will ich sichergehen.
2. wieder / holen:
3. um / fahren:
4. gut / schreiben:
5. frei / halten:
6. frei / machen:
7. zusammen / fahren:
8. klein / schreiben:

6.3 Schärfung und Dehnung

Ob ein **Vokal** (Selbstlaut) kurz oder lang gesprochen wird, kannst du oft am Schriftbild erkennen. Die Kennzeichnung eines kurzen Vokals bezeichnet man als **Schärfung**, die eines langen Vokals als **Dehnung.**	*Kurzer Vokal:* Ki**nn** *Langer Vokal:* Kn**ie**
Auf einen **kurzen betonten Vokal** folgen ■ zwei oder mehrere verschiedene Konsonanten, ■ häufig **Doppelkonsonanten** (*ll, nn, mm, ss, tt* usw.) oder ■ die Konsonantenkombinationen ***ck*** bzw. ***tz.***	Ha**nd** – ka**lt** – ro**st**en – Wu**rst** Ma**nn** – schne**ll** – re**tt**en zu**ck**en – Ka**tz**e
Ein **langer Vokal** dagegen klingt zwar immer wie ein einzeln ausgesprochener Vokal, das Schriftbild allerdings variiert: ■ **Dehnungs-h:** auf den Vokal folgt der Buchstabe *h,* ■ **Doppelvokal:** *aa, ee, oo;* Umlaute allerdings werden nicht verdoppelt, ■ **Dehnungs-e:** einem langen *i* folgt häufig ein Dehnungs-e, auch in Fremdwörtern, die mit einem langen *i* enden, ■ langer Vokal **ohne Dehnungszeichen.**	le**h**ren – Ru**h**m – So**h**n – Hö**h**le – za**h**m S**ee**le – M**oo**s – S**aa**l (*aber:* Säle) s**ie**gen – St**ie**fel – ich bl**ie**b Gen**ie** – Lotter**ie** – Biolog**ie** R**o**se – L**ü**gen – Kr**o**ne – H**a**se – S**e**gen
Achtung: Vorsilben (Präfixe) wie ***ur-*** und ***un-*** sowie Nachsilben (Suffixe) wie ***-tum, -sal, -bar, -sam*** usw. werden ohne Dehnungszeichen lang gesprochen.	**ur**alt – **un**glaublich – Alter**tum** – Schick**sal** – wunder**bar** – wach**sam**
Merke: Wörter, die auf *-ine, -il* oder *-in* enden, sind in der Regel Lehn- oder Fremdwörter (↑ Kap. 5.4 bzw. 6.4). Aufgrund ihrer Herkunft aus einer anderen Sprache haben sie auch im Deutschen kein Dehnungszeichen.	Apfels**ine** – Masch**ine** – Mandar**ine** – Krokod**il** – Magaz**in** – Mediz**in**
Die Schreibung von *das* oder *dass* ist an die grammatische Bedeutung gebunden: ■ ***das*** ist entweder ein Artikel, ein Demonstrativpronomen oder ein Relativpronomen; ■ ***dass*** ist immer eine Konjunktion.	*Artikel:* **das** Haus *Demonstrativpronomen:* **Das** will ich nicht. *Relativpronomen:* Das Haus, **das** wir bewohnen, gehört meinen Großeltern. *Konjunktion:* Sie weiß, **dass** sie ihn liebt.

ÜBUNG 9 **Löse das Kreuzworträtsel (ä = ae, ö = oe, ü = ue).**

1 Strauchfrüchte
2 Ausbildung
3 Schusswaffe
4 Garantie
5 Präteritum von sein
6 erweitern
7 erhöhte Temperatur
8 Salz

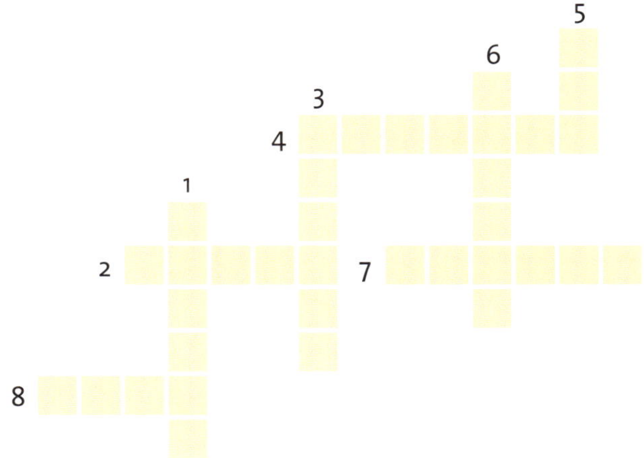

ÜBUNG 10 **Ergänze bei den folgenden Wörtern die lang gesprochenen Vokale in der richtigen Schreibweise. In einigen Fällen sind mehrere Lösungen möglich.**

S ___ l	gl ___ en	M ___ l	allm ___ lig
b ___ ten	f ___ l	Tr ___ e	B ___ t
F ___ rerschein	H ___ r	Sch ___ f	Gew ___
W ___ ge	z ___ m	ged ___ en	N ___ sche
M ___ se	S ___ b	H ___ rchen	Kr ___ se

ÜBUNG 11 **Fülle die Lücken: *dass* oder *das?***

1. ___ Wolfgang Amadeus Mozart ein großer Musiker war, ___ hast du bestimmt schon mal gehört.
2. Er gilt als ___ ewige Wunderkind der Musik. Aber weißt du auch über ___ Werk Bescheid, ___ er der Nachwelt hinterlassen hat?
3. ___ ___ Verzeichnis, ___ alle Kompositionen Mozarts erfasst, Köchelverzeichnis genannt wird, wissen viele.
4. ___ aber Ludwig Ritter von Köchel, der von 1800–1877 lebte, ___ erste Verzeichnis der Werke von Mozart erstellte und ___ die heute gebräuchliche Abkürzung KV auf diesen Ritter zurückgeht, ___ ist eine weniger bekannte Tatsache.

WISSEN

Vorsilbe *wieder-* oder *wider-*?

- Die Vorsilbe ***wieder-*** wird in der Bedeutung von *zurück, erneut* und *noch einmal* verwendet.
  Zusammenschreibung gilt in Verbindung mit Verben und Adjektiven, wenn *wieder* in der Bedeutung von *zurück* verstanden wird. — wiederkommen – wiedergewinnen
  Getrenntschreibung ist anzuwenden, wenn *wieder* im Sinne von *nochmals, erneut* verstanden wird. — wieder einsetzen – wieder nähen
- Die Vorsilbe ***wider-*** trägt die Bedeutung *gegen*. Die Verbindungen werden immer zusammengeschrieben. — widersprechen – widersetzen – Widerstand

ÜBUNG 12 **Setze je eine passende Wortverbindung mit *wieder* oder *wider* in die Lücke. Achte nicht nur auf die richtige Schreibung des langen Vokals, sondern auch auf die korrekte Getrennt- bzw. Zusammenschreibung. Achtung: Manchmal gibt es zwei richtige Lösungen.**

1. wieder / wider + einführen: Die neue Direktorin will die alten Vorschriften ______.
2. wieder / wider + geben: Er wollte den Vorfall wahrheitsgetreu ______.
3. wieder / wider + bringen: Er hat alle geliehenen Bücher ______.
4. wieder / wider + stehen: Sie hat der Versuchung ______.
5. wieder / wider + aufführen: Die Schulklasse wird ihr Theaterstück nach dem großen Erfolg bestimmt ______.
6. wieder / wider + sehen: Der Blinde konnte nach der Operation ______.
7. wieder / wider + haben: Kann ich bitte meinen Kugelschreiber ______?
8. wieder / wider + streben: Es hat ihm ______, die Hausaufgaben zu machen.
9. wieder / wider + sprechen: Du ______ dir.

ÜBEN

6.4 Fremdwörter richtig schreiben

Fremdwörter (↑ Kap. 5.4) werden häufig anders geschrieben als gesprochen. Dabei richten sich Schreibung und Aussprache eines Fremdworts in den meisten Fällen nach den Regeln der Herkunftssprache.

Apotheke – Etage – Ingenieur – Medaille – Rhapsodie – Sympathie

---

Fremdwörter

- werden häufig mit *ph, rh, th* oder *y* geschrieben; – **Phy**sik – **Rh**euma – **Rhyth**mus – **Th**eater – L**y**rik
- enden häufig auf *ie;* – Demokrat**ie** – Geograf**ie**
- haben im Wortinneren meist nur ein einfaches *i*. – T**i**ger – Masch**i**ne

---

Werden Fremdwörter oft verwendet, gleichen sie sich in ihrer Schreibung häufig der deutschen Sprache an.

Gra**ph**ik → Gra**f**ik
Fris**eur** → Fris**ö**r
Cousine → **Ku**sine

Für die Schreibung von Fremdwörtern aus dem **Englischen** und **Amerikanischen** gilt:

- Was wie ein langes *i* klingt, wird oft *ee* oder *ea* geschrieben. – T**ee**nager – J**ea**ns
- Ein gehörtes *ei* wird als *y* oder als *i* geschrieben. – Rec**y**cling – Des**i**gn

---

Bei der Schreibung von Fremdwörtern aus dem **Französischen** musst du Folgendes beachten:

- Ein gesprochenes *u* wird meist *ou* geschrieben. – S**ou**venir – T**ou**rist
- Was ähnlich klingt wie ein deutsches *ä*, wird *ai* geschrieben. – Pal**ai**s – S**ai**son
- Ein gesprochenes *lj* oder *ij* wird *ill* geschrieben. – Meda**ill**e – T**ill**e
- Ein gesprochenes *ö* wird *eu* geschrieben. – Kontroll**eur** – Mass**eur**
- Was wie ein [ʒ] klingt, wird vor *e* oder *i* als *g* geschrieben. – Gara**g**e – Passa**g**ier

---

Fremdwörter aus dem **Lateinischen** werden meist so geschrieben, wie sie gesprochen werden.

Union – Konsonant – Professor

Fremdwörter aus dem **Griechischen** werden häufig mit *ph, rh, th* oder *y* geschrieben.

Al**ph**abet – **Rh**euma – **Th**eater – S**y**stem

ÜBUNG 13 **Im Buchstabengitter sind acht Begriffe versteckt, die aus dem Französischen stammen und Eingang ins Deutsche gefunden haben. Suche senkrecht, waagrecht sowie diagonal und kreise sie ein.**

A	F	B	C	K	L	M	A	Y	O	N	N	A	I	S	E	O	P	R	S	U	V	X	Z	A
M	R	S	T	U	A	I	J	K	L	M	I	J	K	L	A	B	D	E	X	A	B	C	D	D
N	I	E	V	X	H	G	D	E	F	G	H	E	F	F	G	H	O	M	E	L	E	T	T	E
L	T	W	S	U	M	A	B	C	R	B	U	D	G	E	T	O	R	S	T	U	V	W	X	Y
X	T	T	M	T	V	A	G	S	T	U	W	R	S	T	M	A	B	E	E	M	A	R	I	A
S	E	R	N	F	A	N	O	R	D	A	N	S	T	M	A	B	U	U	F	F	R	S	T	X
N	U	L	M	U	M	U	E	F	G	A	P	E	R	I	T	I	V	M	E	O	G	H	I	J
O	S	Q	S	J	N	R	R	I	J	K	J	K	L	M	N	S	R	S	T	N	K	L	M	N
P	E	R	T	K	O	S	T	A	R	X	E	V	A	A	M	K	A	B	C	D	R	S	T	K
A	C	E	G	I	R	A	B	S	N	T	V	N	A	S	T	U	D	E	F	U	V	W	X	Y
B	D	F	H	L	Q	L	D	T	U	T	W	G	H	J	N	I	G	H	J	E	K	L	M	N
Z	A	B	G	M	A	N	S	T	F	R	I	D	A	L	T	T	G	H	I	M	N	X	S	T

ÜBUNG 14 **Finde jeweils ein passendes Reimwort zu dem rot markierten Begriff.**

1. Die Resonanz auf die _______________ war enorm.
2. Auf des Arztes Appell brachte die Krankenschwester das _______________.
3. Die Maus erntete großen _______________.
4. Er hielt sich für einen großen _______________, war jedoch nur ein kleiner Tor.
5. Der Entschluss der Politiker hatte die ganze Nation aufgebracht, deshalb kam es zu einer großen _______________.

WISSEN

Groß oder klein?
Bei zusammengesetzten Fremdwörtern, die wie ein Substantiv gebraucht werden, wird das erste Wort und alle substantivischen Bestandteile großgeschrieben.

Full-Time-Job
Walkie-Talkie
Go-go-Girl

Aufgepasst: Feste adverbiale Fügungen, die Fremdwörter enthalten, werden kleingeschrieben.

a cappella singen
de facto anerkennen

ÜBEN

ÜBUNG 15 **Es ist nicht einfach, Fremdwörter richtig zu verwenden. Dem Verfasser dieses Textes ist es leider nicht gelungen. Streiche die unpassenden Fremdwörter durch und ersetze sie jeweils durch ein passendes aus dem Wortspeicher.**

Realität – dokumentarisch – Distanzierung – ökonomisch – Pathos – Essay – Instabilität – kommentarlos

Die Epoche der „Neuen Sachlichkeit" von 1920 bis 1935 – Ästhetik der Fakten

Mit einer kritischen Depilation von der utopisch-idealisierenden Haltung und der gefühlsbetonten Jumelage des Spätexpressionismus reagierte die Kunst in den 1920er-Jahren auf die nüchterne Depressivität der Weimarer Republik, die von Inflation und politischer Balance geprägt war. Zunächst ein Stilbegriff für die zeitgenössische Malerei, bezeichnete „Neue Sachlichkeit" bald auch innerhalb der Literatur die Bewegung, die eine sachlich-objektive Darstellung der Wirklichkeit anstrebte. Kollektiv und ohne Übertreibung oder Beschönigung wurden die sozialen und ökumenischen Verhältnisse sowie das Alltags- und Arbeitsleben der Menschen in den Großstädten geschildert. Die Literatur verzichtete auf formale Experimente und erhielt diskrepanten Charakter. Die bevorzugten Gattungen der „Neuen Sachlichkeit" waren die tatsachenorientierte Reportage, der kritische Effekt und der auf wissenschaftlichen Quellen basierende historische Roman.

WISSEN +

Getrennt oder zusammen?

Zusammengesetzte Fremdwörter werden zusammengeschrieben.	Shoppingcenter
Aus Substantiven zusammengesetzte Fremdwörter können der besseren Lesbarkeit halber mit Bindestrich stehen.	Shopping-Center
Aneinanderreihungen und Zusammensetzungen aus (englischsprachigen) Wortgruppen schreibt man mit Bindestrich.	Rooming-in No-Future-Generation

6.5 Zeichensetzung

Nebensätze hängen von einem übergeordneten Satz ab und werden durch ein **Komma** von diesem getrennt. Du erkennst sie daran, dass die konjugierte Verbform am Satzende steht. Oft werden sie von einer Konjunktion eingeleitet.	Mein Magen knurrt**, weil** ich Hunger **habe.** **Ob** ich morgen **mitkomme,** weiß ich noch nicht.
Ein Komma steht auch, um ▪ **Aufzählungen,** ▪ **Zusätze und Erläuterungen,** ▪ **Appositionen** (Beisätze) abzutrennen.	 Tick**,** Trick und Track sind Geschwister. Sie liest viel**,** vor allem Krimis. Ellen**,** unsere Klassensprecherin**,** findet immer die richtigen Worte.
Um einen Satz zu gliedern, kann man Partizipgruppen mit einem Komma abtrennen. *Merke:* Findet sich in einem Satz ein Wort, das auf die Partizipgruppe hinweist, **muss** das Komma gesetzt werden.	Das ist(,) **grob gerechnet**(,) die Hälfte. Sie stand(,) **ein Sektglas in der Hand haltend**(,) dem Geburtstagskind gegenüber. Aus vollem Halse lachend**, so** kam sie auf uns zu.
Bei einer **Infinitivgruppe** steht ein Komma, ▪ wenn sie mit *als, (an)statt, außer, ohne* oder *um* eingeleitet wird, ▪ wenn sie von einem Substantiv abhängt, ▪ wenn sie durch ein hinweisendes Wort angekündigt (wieder aufgenommen) wird. In allen anderen Fällen muss man kein Komma setzen, darf es aber, um den Satz deutlicher zu gliedern.	 Er konnte nicht Besseres tun**, als** zu warten. Sie fasste den **Entschluss,** abzureisen. **Es** ist unsere Absicht**,** die Torte zu verzieren. Wir empfehlen(,) ihm zu folgen. Wir empfehlen ihm(,) zu folgen.
Datums- und Zeitangaben, die aus mehreren Teilen bestehen, werden durch **Kommas** gegliedert.	Sie kommt am Mittwoch**,** den 13. März(,) nach Berlin. Die Konferenz findet am Donnerstag**,** den 17. Juni(,) im Lehrerzimmer statt.
Mehrteilige **Wohnungsangaben** werden ebenfalls durch **Kommas** gegliedert.	Er ist von München**,** Hauptstraße 23(,) nach Berlin**,** Friedrichstraße 110(,) gezogen.
Mehrteilige **Literaturangaben** gliedert man durch Kommas. *Merke:* Werden mehrteilige Datums-, Zeit-, Wohnungs- und Literaturangaben als Aufzählungen verstanden, kann das jeweils letzte Komma auch entfallen!	Ich zitiere aus „Schülerduden Literatur“**,** Mannheim 2008**,** Seite 190. Der Artikel ist im „Spiegel“**,** Heft 42**,** 2010**,** S. 12(,) erschienen.

ÜBUNG 16 **Im folgenden Text fehlen alle Kommas. Setze sie an die richtigen Stellen.**

Über Indianerbücher

Bücher über die Lebensweise die Kultur und das Land der Indianer werden zusammenfassend als Indianerbücher bezeichnet. Sie wurden von Schriftstellern weißer Hautfarbe verfasst und entstanden ab dem 17. Jahrhundert als sich Missionare und Wissenschaftler mit den Lebensumständen und Gebräuchen der Indianer vertraut machten.

Zu den berühmtesten viel gelesenen Indianerbüchern zählen die 1823 bis 1841 erschienen „Lederstrumpf"-Romane von James Fenimore Cooper. Im 19. Jahrhundert entstanden dann viele Indianerbücher in denen sich die Anteilnahme am Kampf der Indianer gegen die weißen Eroberer ausdrückte. Dargestellt wurden v. a. die blutigen grausamen Auseinandersetzungen zwischen den Indianern Nordamerikas und den weißen Siedlern die als Eroberer in die Prärie gekommen waren. Solche Indianerbücher waren meist als unterhaltsame Reise- und Abenteuerromane verfasst die über die Bräuche der Indianer informierten die Lebenssituation aber oft idealisierten verherrlichten und nur ein unzureichendes Bild von den Auseinandersetzungen vermittelten.

Im 20. Jahrhundert erschienen dann vorwiegend historische und völkerkundliche Indianerbücher.

Die Indianerliteratur als Literatur der indianischen Bevölkerung dagegen umfasst die überlieferten Erzählungen die zumeist mündlich weitergegeben werden. Auch die Gesänge der Indianerstämme die z. T. mithilfe von Weißen aufgezeichnet und übersetzt werden zählen zur Indianerliteratur.

ÜBUNG 17 **Füge die Kommas richtig ein. Kommas, die gesetzt werden können, aber nicht gesetzt werden müssen, klammerst du dabei ein.**

1. Sie wohnt in Heidelberg Philosophenweg 27.
2. Die Sitzung findet nächsten Freitag den 31. Januar um 15.00 Uhr im großen Besprechungszimmer statt.
3. Ich zitiere aus dem Duden 25. Auflage Band 1.
4. Der Artikel ist in der „Zeit" Ausgabe 52 2009 erschienen.

ÜBUNG 18 **Verknüpfe die Sätze so miteinander, dass ein Gliedsatz entsteht. Denke dabei an die richtige Kommasetzung. Schreibe in dein Übungsheft.**

1. Ich werde ein Gedicht auswendig lernen. Das Gedicht muss mir aber gefallen.
2. Das ist der Täter. Die Polizei hat ihn festgenommen.
3. Hanna will nicht mit ins Kino. Sie hat keine Zeit.
4. Ich konnte nicht länger warten. Ich hätte mich selbst verspätet.
5. Wir werden nach Italien fahren. Dort gibt es viel zu besichtigen.
6. Du fährst morgen nach Berlin? Du kannst mich gerne besuchen. Ich wohne in Berlin.

ÜBUNG 19 **Formuliere die Sätze so um, dass das Komma überflüssig wird.**

1. Gisela rannte noch schneller, als Sarah letzte Woche gerannt war.

2. Sarah rannte fast so schnell, wie Gisela eine Woche vorher gerannt war.

3. Er kam früher, als er dies sonst zu tun pflegte, von der Arbeit nach Hause.

4. Er gab das Geld aus, als wäre er ein Millionär.

WISSEN

Kommasetzung bei direkter und indirekter Rede

■ Folgt einer **direkten** (wörtlichen) Rede ein **Begleitsatz,** steht ein **Komma** (und die direkte Rede in Anführungszeichen). Das Komma wird auch dann gesetzt, wenn nach der direkten Rede ein Ausrufe- oder Fragezeichen steht. Ein **eingeschobener** Redebegleitsatz wird ebenfalls mit Kommas abgetrennt.

„Ich gehe heim**“,** sagte er.
„Geh endlich heim**!“** rief sie.
„Wann gehst du heim**?“,** fragte sie.

„Ich denke**“,** sagte er, **„**du kannst jetzt heimgehen.**“**

■ Auch die **indirekte** Rede (↑ Kap. 5.3) wird durch ein **Komma** vom Hauptsatz getrennt.

Er **habe** nicht abgeschrieben**,** beteuerte Max.

Klassenarbeit 1

60 Minuten

AUFGABE 1 **Bestimme, welche Wortart hier substantivisch verwendet wird.**

1. das Laufen →
2. etwas Tolles →
3. der Badende →
4. etwas Geschriebenes →
5. alles Übrige →
6. vier Einsen im Zeugnis →

AUFGABE 2 **Getrennt oder zusammen? Erkläre die Bedeutungsunterschiede.**

1. gut schreiben – gutschreiben:
2. frei machen – frei machen:
3. zusammen fahren – zusammenfahren:
4. frei sprechen – freisprechen:

AUFGABE 3 **Fremdwörter: Nur eine Schreibung ist richtig. Welche? Unterstreiche.**

1. Apocalypse – Abokalypse – Apokalypse – Apokallypse
2. autentisch – authentisch – autenthisch – authentysch
3. Bouquet – Buket – Buquet – Bouquett
4. Chromosom – Cromosom – Chrumosom – Chrymosom
5. Fata-Morgahna – Fata Morgana – Fata morgana – Fatah Morgana
6. Gastronomi – Gasthronomie – Gastronomie – Gasttronomie
7. Komision – Kommission – Kommision – Commission
8. Paradontuse – Paradonntose – Parodontose – Pahradontose

AUFGABE 4 **Setze alle notwendigen Satzzeichen (Kommas, Doppelpunkte, Anführungszeichen usw.) an die richtige Stelle.**

1. Sie sagte Hier gefällt es mir
2. Wenn ich Lust habe gehe ich ins Kino
3. Wenn es wahr ist dass du ihn wirklich gesehen hast dann musst du dir keine Gedanken machen
4. Wir waren arm aber glücklich
5. Sie wirkte ruhig gelassen entspannt und fröhlich
6. Beate unsere Klassensprecherin beschwerte sich beim Lehrer
7. Beim nächsten Treffen also am Donnerstag dem 17. April in der Aula werden wir über das Thema diskutieren
8. Ich fragte mich ob das die beste Lösung sei

AUFGABE 5 **Verrutschte Wortanfänge: Kannst du den Satz lesen? Schreibe ihn so ab, dass der Satz problemlos verständlich ist. Achte dabei auf korrekte Groß- und Kleinschreibung und vergiss nicht, Satzzeichen zu setzen. Unterstreiche dann alle geschärften Vokale.**

uro maspie lter ege lmäß igind erlot ter ieau sger echn eta nei nemfr eit agde mdre izeh nteni mjul ipass ierteess ieh attefü nfri cht igefl ugsor gan isie rtesi eei nries igesfe stfü rall eki nde renk elun dur enk elun dve rbri etde ng ewin njad iea lted am ewa rei ng eni e.

AUFGABE 6 **In diesem Text stimmen nur die Punkte am Satzende. Schreibe ihn fehlerlos in dein Übungsheft.**

ACHTUNG FEHLER

diegeschichtedeslesens

daslesenisteineunverzichtbarekulturtechnickdienotwendigistumamgesellschaftli
chenlebenteilzunehmen. leseninsbesondereliterarischeslesenistzugleicheinemoti
onaleserlebnissdasmomentewiegenussbetroffenheitidenvikationenthältbishinzu
glükserlebnissen. sospriechtmandurchausvonliterarischenerfahrungen. dasleseni
steinevergleichsweisespätsichherausbildendefähigkeitindergeschiechtedermens
chheit. dieanfengedesabendlendischenlesensunddesschreibensliegenimorient.
anfangsbeherschtennurpristerverwaltungsbeam teundkaufleutediesekultuhrtech
nick. Erstim14.und15.jarhundertwuxdiezahlderlesefähigenforallemindenstätten.
erstim18.jahrhundertentstahnddasheutigelesepublicumderbelletristik: vorallemf
rauenundjugendlicheentdekktendaslesen.

Klassenarbeit 2

60 Minuten

AUFGABE 7 **Setze im folgenden Auszug aus Giovanni Boccaccios Novelle über Chichibio und den Kranich die fehlenden Kommas.**

Konrad Gianfigliazzi war einer der edelsten freigiebigsten und prachtliebendsten Bürger unserer Stadt und führte mit Hunden und Vögeln ein herrschaftliches Leben ohne um wichtige Geschäfte sich zu bekümmern. Einst fing er mit seinem Falken bei Peretola einen fetten jungen Kranich den er seinem Koche Chichibio einem geborenen Venezianer zum Abendessen aufs Beste zuzubereiten befahl.

Chichibio dem der Schelm aus den Augen sah brachte den Kranich gehörig zubereitet ans Feuer. Als er beinahe fertig war und bereits herrlich duftete trat Brunetta eines Nachbars Mädchen die Chichibio heftig liebte in die Küche und bat gelockt durch Aussehen und Geruch den Koch ihr eine Keule zu geben.

„Ihr bekommt sie nicht Donna Brunetta Ihr bekommt sie nicht“ antwortete er ihr singend. „Wahrhaftig“ erwiderte das Mädchen „wenn du sie mir nicht gibst tu ich dir in meinem Leben keinen Gefallen mehr.“ Und bald gerieten sie miteinander in Streit.

Endlich schnitt Chichibio um seine Schöne nicht weiter zu erzürnen eine Keule herunter gab ihr diese und setzte Konrad der einen Fremden bei sich hatte den Kranich so auf die Tafel.

Verwundert ließ Konrad den Koch rufen und fragte wo die andere Keule des Kranichs hingekommen sei. „Mein Herr“ antwortete der venezianische Vogel sogleich „der Kranich hat ja nur eine Keule und ein Bein.“

„Was zum Teufel“ entgegnete Konrad zornig „er hat nur eine Keule und ein Bein? Als hätte ich in meinem Leben sonst keinen anderen gesehen!“

„Wahrhaftig“ fuhr Chichibio fort „ich will es Euch wenn Ihr's verlangt an einem lebendigen zeigen.“

AUFGABE 8 **Lies nun die Fortsetzung der Novelle. Begründe in deinem Übungsheft, warum an den markierten Stellen im Text ein Komma gesetzt wird.**

Aus Achtung für den Gast wollte Konrad weiter kein Gerede machen. „Wenn du mir in der Natur etwas zeigen kannst, (1) was ich nie gesehen, (2) noch davon gehört habe, (3) so will ich es morgen früh sehen, und es mag gut sein; ist es aber nicht so, so schwöre ich dir, will ich dich so zurichten, (4) dass du lebenslang an mich denken sollst." Damit hatte der Streit für diesen Abend ein Ende. Bei Anbruch des Tages stand Konrad, (5) der den Zorn keineswegs verschlafen hatte, (6) noch ganz missmutig auf, ließ die Pferde satteln und ritt mit Chichibio nach einem Flusse, wo man immer Kraniche antraf. „Nun wollen wir bald sehen", (7) sprach er, (8) „wer gestern Abend unrecht gehabt hat, ich oder du!"

AUFGABE 9 **Schreibe den nächsten Teil der Novelle in der richtigen Groß- und Kleinschreibung in dein Übungsheft.**

CHICHIBIO, IN VERLEGENHEIT WEGEN SEINER BEWEISFÜHRUNG, FOLGTE SEINEM ERZÜRNTEN HERRN MIT ÄUSSERSTER FURCHT. GERN HÄTTE ER, WENN'S MÖGLICH GEWESEN WÄRE, DIE FLUCHT ERGRIFFEN, ABER DAS GING NICHT AN. ER SAH DAHER BALD VOR, BALD HINTER SICH, BALD SEITWÄRTS UND HIELT ALLES, WAS IHM VORKAM, FÜR EINEN AUF ZWEI BEINEN STEHENDEN KRANICH. NICHT MEHR WEIT VOM FLUSSE ENTFERNT SAH ER ZUERST UNGEFÄHR EIN DUTZEND KRANICHE AM UFER, IHRER GEWOHNHEIT NACH SCHLAFEND AUF EINEM BEIN STEHEN. „NUN, DA KÖNNT IHR DEUTLICH SEHEN", SAGTE ER, SIE KONRAD ZEIGEND, „DASS ICH GESTERN ABEND MIT RECHT BEHAUPTETE, DIE KRANICHE HÄTTEN NUR EINEN SCHENKEL UND EIN BEIN. SEHT IHR SIE DORT?"

AUFGABE 10 **Lies den Schluss und begründe in deinem Übungsheft, warum die rot markierten Wörter groß- bzw. kleingeschrieben und die unterstrichenen Wörter zusammengeschrieben werden.**

„Warte", erwiderte Konrad, „ich will dir gleich zeigen, dass sie deren zwei haben", näherte sich den Kranichen und schrie: „Ho! Ho!", auf welches Geschrei die Kraniche das andere Bein hervorstreckten und nach etlichen Schritten davonflogen. „Nun, Schurke", fuhr Konrad sich zu Chichibio wendend fort, „siehst du, dass sie zwei haben?" „Ja, mein Herr", antwortete er in der größten Bestürzung, „aber gestern schriet Ihr nicht: ‚Ho! Ho!' Hättet Ihr das getan, würde er das andere Bein auch ausgestreckt haben." Diese Antwort gefiel Konrad so, dass sein ganzer Zorn sich in Heiterkeit und gute Laune verwandelte. „Du hast recht, Chichibio", sagte er, „das hätte ich tun sollen." So entging jener dank seiner witzigen Antwort der Strafe und besänftigte seinen Herrn.

Das 3-fach-Prinzip für bessere Noten:

Wissen • Üben • Testen

„Einfach klasse in“ – die Lernhilfe mit den drei Lernbausteinen und echten Klassenarbeiten für eine gezielte Vorbereitung!

Deutsch

Deutsch 5. Klasse
ISBN 978-3-411-72152-8

Deutsch 6. Klasse
ISBN 978-3-411-72162-7

Deutsch 7. Klasse
ISBN 978-3-411-72252-5

Deutsch 8. Klasse
ISBN 978-3-411-72262-4

Deutsch 9. Klasse
ISBN 978-3-411-72412-3

Deutsch 10. Klasse
ISBN 978-3-411-72422-2

Englisch

Englisch 5. Klasse
ISBN 978-3-411-72132-0

Englisch 6. Klasse
ISBN 978-3-411-72142-9

Englisch 7. Klasse
ISBN 978-3-411-72272-3

Englisch 8. Klasse
ISBN 978-3-411-72282-2

Englisch 9. Klasse
ISBN 978-3-411-72592-2

Englisch 10. Klasse
ISBN 978-3-411-72602-8

Mathematik

Mathematik 5. Klasse
ISBN 978-3-411-72172-6

Mathematik 6. Klasse
ISBN 978-3-411-72182-5

Mathematik 7. Klasse
ISBN 978-3-411-72432-1

Mathematik 8. Klasse
ISBN 978-3-411-72442-0

Mathematik 9. Klasse
ISBN 978-3-411-72572-4

Mathematik 10. Klasse
ISBN 978-3-411-72582-3

Französisch

Französisch 1. Lernjahr
ISBN 978-3-411-72741-4

Französisch 2. Lernjahr
ISBN 978-3-411-72751-3

Französisch 3./4. Lernjahr
ISBN 978-3-411-72821-3

Latein

Latein 1. Lernjahr
ISBN 978-3-411-72721-6

Latein 2. Lernjahr
ISBN 978-3-411-72731-5

Latein 3./4. Lernjahr
ISBN 978-3-411-72811-4

Jeder Band:

- 128 Seiten (Spanisch 96 S.)
- kartoniert
- mit Umschlagklappen

Spanisch

Spanisch 1. Lernjahr
ISBN 978-3-411-73821-2

Spanisch 2. Lernjahr
ISBN 978-3-411-73811-3

Wie gefällt dir dieses Buch? Sag uns deine Meinung unter: **www.schuelerlexikon.de/meinung**

Stichwortfinder